Mind in Society 社会中的心智

The Development of Higher Psychological Processes

—— 高级心理过程的发展

〔苏〕列夫·维果茨基　著
L.S .Vygotsky

〔美〕迈克尔·科尔
Michael Cole

维拉·约翰－斯坦纳
Vera John-Steiner

西尔维娅·斯克里布纳
Sylvia Scribner

埃伦·苏伯曼　编
Ellen Souberman

麻彦坤　译

北京师范大学出版集团
BEIJING NORMAL UNIVERSITY PUBLISHING GROUP
北京师范大学出版社

谨以本书纪念

亚历山大·R. 鲁利亚

列夫·维果茨基

维果茨基的手稿。他首次提出将中介作为高级心理过程的基础。【工具方法的实质在于两类刺激不同的功能性使用，其分别决定了不同的行为，由此导致个体自我心理操作的掌控。假定有两类刺激，我们需要回答以下问题：1. 如何借助 S_2 记忆 S_1（S_1 是目标，S_2 是工具）。2. 如何借助 S_2 将注意指向 S_1。3. 如何通过 S_2 的提示找到与 S_1 关联的词。】

总 编 序

林壑万里清
——社会与个人的改变之道

夏林清

　　有关当代心理学知识与方法论典范的演变，近年来在中国大陆与台湾已有不少研究与讨论，全球化的倾销式错置已带来了心理学"应用"的泛滥灾情。在长达近一个世纪的中西方文化与知识遭遇碰撞的时日里，近二三十年接受高等教育栽培的心理与教育工作者均无可避免地，或生吞活剥，或东拉西扯、片片断断地，"学习"着欧美知识，等到进入了某个特定社会环境，面对迎面扑来的个人与群体的具体难题，得"动手动脚"推进一线的实务工作时，"尽信书不如无书"反倒是脚着陆、接地气的第一步。在社会现场中，面对真实不逃不躲，铆力投身不怕狼狈，他者的容颜自然而然地，柔软了工作者的身段，启迪着工作者的心灵。当这样的践行之路走了数年，工作者会"长出"分辨与取舍"知识"的务实力，追寻着与自身实践相呼应的认识与理解。"社会治疗书系"的呈现，也可以说是我作为一名台湾地区心理教育工作者30年来寻索个人与社会改变之道理的一个三江汇流处。"知识"本身无中西之争，而是使用知识的知识人的问题。每一位理论产出的学者，都反映了他在某一特定社会内部，某个历史进程中的社会存在。辨识与取舍是读书人的责任。

"社会治疗书系"源自三处：

- 美国和"改变"有关的心理学知识的一个支脉。
- 英美批判心理学与社会治疗的路数。
- 台湾地区心理教育工作者的践行路径知识。

1. 我与社会治疗的相遇，疲困身心于玩演中变化

我初次认识弗雷德·纽曼（Fred Newman）带领的这一支美国马克思主义实践者团队，是在 1988 年我回哈佛大学交小论文（论文计划要被接受如资格考效用的文章），有一天在图书馆大门玻璃上看见一张"社会治疗"（social therapy）的活动传单。1988 年，我们在台湾地区也正做着关于小外包家庭工厂的调查研究，我从来不知道美国左翼中竟有"社会治疗"！立即就报名前往纽约去参加了。然而，那时真搞不明白这群人在干什么！只是记得东边学院（East Side Institute）这个组织的名称和一个坐在前方与成员来回对话的弗雷德·纽曼的模糊影像，以及没太听明白的内容，只知道他们在纽约黑人社区做街区青少年及其家庭的工作。再见到他们已是 2002 年了。

2002 年，我拿到福布莱特（Fulbright）经费支持得以访学 3 个月，去了纽约，这才在社会治疗的东边学院里学习了 3 个月。在这 3 个月中，我参加了每周一次的社群团体（community group），一个社会治疗

团体和每周一次的个别治疗。弗雷德和我谈了几次话，我追问他们这一支美国左翼的践行历史。记得他预言式地说："你走的路径，以后会遇到大的矛盾与冲突。"当时的我，身心疲困，在那 3 个月中只是不断练习着一件事，就是每一次行动都是一次在群体中表达自己与发展彼此的机会。多年投身实践的疲倦身心，就在一次又一次的行动中，如鱼入水中舒展身体般地变化了。我这时体验到，被包裹与结块化了的"情绪"需要在和他人一起发展的社群活动中，得到复原的变化机会。

2. 地方知识 ——"斗室星空"的实践知识路径

20 世纪 70 年代，密集工业化重构着中国台湾地区的人文地景，"青少年问题"与"家庭问题"，像是水果催熟剂似地涨大了社工、心理与教育的专业化，然而专业的建制化并不代表会促进"实践智能的专精细微"。在人文社会科学范畴中，被归入"应用"的社工、心理与教育领域的工作者，多对无用的知识与不当的角色权力深有感触！

《团体动力学——大珠小珠落玉盘》与《斗室星空——家的社会田野》便是我在实务田野中一路转进，挪用、取舍与创发实践路径的两本书。在 20 世纪 70 年代工业化、都市化的台湾地景中，成群的由乡村进入城市打工的青年男女、犯罪矫治机构中的未成年性工作少女和街头帮派青少年启动了我对大小团体动力知识脉络与方法的心思。80 年代后期台湾"解严"后，与工人朋友们的熟识则导引出"斗室星空"的实践知识路径。

因为和台湾地区社会不同底层人群一起工作多年，从 20 世纪 80 年代末到 90 年代中期，我有机会与大大小小的劳工群体合作，进行工人婚姻与家庭的讲座与座谈。有的时候，时间很短却震撼很大。譬如，在化工厂交换班的一小时里，与坐满一礼堂、穿着灰蓝工作服的男性工人座谈，话题由"老婆跑了，三个孩子，我怎么办？"（因工厂旁房地产业兴起，老婆开始上班，不久后移情别恋走了！）到"孩子怎么共同教育？""夫妻性生活怎么办？"（夫妻因各自轮班，一个月也排不出一周相同起床睡觉的时间）。看见蓝领工人们被工业化的高强度劳动所撕扯挤压的生活苦楚与折磨，我明白了他们为夫为妻、为父为母，在高速变化的社会环境里，过着担不了也得撑下去的生活！我于是将过去习得的心理治疗家庭知识与方法搁下，随众生而行地发生了我的专业实践的第一个转向。在这第一个"左转"后，1997 年遇见台北市抗议陈水扁的性工作者，并与之同行协力组成互助团体，我的心理教育实践也就往下急行军式地，进入被性道德污名排除或贱斥的底边人群的社会生活范畴。

在"向左转"与"往下急行军"之后，我在 1999 年开办新北市芦荻社区大学，当地的妇女学员中不乏已被问题化、病理化的辛苦女人（抑郁症与各种身心症反应）。正是前面两个转向行动所形成的认识，支撑我试出了一种敞开彼此家庭经验，由相濡以沫发展到"斗室嵌连成星空"的群体共学的方法。

如果娼妓们带领我进入了她们生活的社会底层光景，那么，社区大学就给了我一个翻土培土的好机会！但倘若我没有"先左转又往下行"的经历，我的身手是翻不了土的！"斗室星空"群体共学的方法在工厂劳动教育现场和在 1997—2000 年与日日春团体数年的文化活动现场中就已然萌发了。

2005 年，我在芦荻社区大学主持"斗室星空家庭经验工作坊"时，一小群肢体障碍的朋友发言①，希望能特别为有身心障碍子女的家庭开办专场经验深入交流会。我当时就做了一个将"斗室星空"群体共学方法随特定社群而移动举办的决定，因而启动了后续多年陆续与肢体障碍、精神障碍和脑瘫等群体的协作。

3. 知行智能

"在地实践"这四个字很简短，但是一定得在"群己关系"与"群际关系"相互激荡的社会生活现场中进行实作，实践力道与实践知识方可被激励与得到发展。

"斗室星空"是一个示例，它可以说明三件事的关联性：一名实践者的"生成"，他在社会参与中体认的社会压迫，以及他的实践知识如何才可得到发展机会。

有关"知行"的实践知识是足以中西合璧、东西参照的。由团体动力学之父库尔特·勒温（Kurt Lewin）一路演进的《行动科学》（*Action Science*）的作者克里斯·阿吉里斯（Chris Agyris）和《反映的实践者》（*The Reflective Practitioner*）的作者唐纳德·A. 舍恩（Donald A. Schon），是美国"组织学习"的两位创始学者，在美国内部，由专业实践者下手，

---

① "异人算障团"，全称为"异于常人算障团"，是一群患有多重障碍的身心障碍者组成的团体，如肌肉萎缩、小儿麻痹、脑麻痹、心理疾病、肢体障碍等，其前身为夏林清在芦荻社区大学进行身心障碍者的家庭经验工作坊。他们最大的希望是自主生活不依赖家人、能与一般人一样参与社会公共事务。他们是一个不完全依赖家庭，也不全部依赖社会福利系统而自力更生的组织。

以对峙专业化的工具理性；舍恩釜底抽薪地指向专业实践者，阿吉里斯则对机构中的人际互动习惯（组织化了的例行性防卫方式）下手。阿吉里斯与舍恩分别于 2013 年与 1997 年过世，但他们的书迄今仍是组织变革与专业实践领域中坚实的两块立基石。贯穿二位工作者的核心思想是他们对于"什么维持了不变"（亦即改变何以常换汤不换药的难题），落实在人与人共构的行动世界与系统环境上，进行了多年的考察，且同步研发了其理论方法。

书系中收入的《心灵与自然》（*Mind and Nature*），与读者可在坊间找到的《改变》和《变的美学》均是汇集哲学、心理学以及与人类学者们共同努力、探究"改变"道理的好书。

4. 个人、组织与社会的改变

此书系另一重要特点在于，作者们均不切割二分地对待个人改变与社会改变。阿吉里斯与舍恩的《行动科学》与《反映的实践者》这两本书提供了严谨且落实到人与人所共构的模型化人际互动，而此种模型化互动关系是如何建构了组织的系统环境，这成为组织变革回避不了的课题。"组织学习"（organizational learning）的概念近十年来，被广泛引用与传播，但不少引用均是望文生义，而非对其来源处的阿吉里斯与舍恩的理论有所认识。任何一个组织的改变均非易事，亦非获得新观念就会改变的！阿吉里斯在哈佛大学，舍恩在麻省理工学院；同一时期与两人所在波士顿城不远的纽约，则是创立社会治疗的纽曼和随同纽曼创业立基的发展心理学家洛伊丝·霍尔兹曼（Lois Holzman）的工作基地，他们与一群来自社工、心理、教育与医疗等背景的工作者，在纽约、波士顿、旧金山与芝加哥等城市与社区，持续推进了"社会治疗"与"展演心理学"（performing psychology）的发展。这一支美国的"社会治疗"社群，是唯一能将马克思、维果茨基与维特根斯坦的思想，整合成社会实践的改变理论的社群实践，这朵"奇葩"，十分值得认识。维果茨基的《社会中的心智》（*Mind in Society*）当然便是认识此一路数的基本读物。

能收入心理学记者伊森·沃特斯（Ethan Watters）的《像我们一样疯狂》（*Crazy Like Us*）一书，用中国香港、日本与斯里兰卡的具体案例作为呼应贝特森（Bateson）的《心灵与自然》与伊恩·帕克（Ian Parker）的《解构疯癫》（*Deconstructing Psychopathology*），也为"社会治疗书系"在大陆开张之举揭示了"他山之石，可以攻玉"的意涵。

然而，增长见识不等于做得到自己心中期望的践行，"实践之道"是一种"五年入门，十年立志，三十年上路"的功夫。在这里，我要特别感谢张一兵教授给予我与北京师范大学出版社的支持。2011年，在张一兵教授组织的"第三届当代资本主义研究国际研讨会"上，我和两位美国心理学工作者洛伊丝·霍尔兹曼及伊恩·帕克，与大陆马克思主义知识工作者的讨论会中，共同思考着心理学的发展现况。正是这种参与互动的机缘，才激励我将英美与马克思主义哲思相关联的心理学理论与方法引介给大家，或许这套书在当前心理学知识洪流中，能发挥截弯取直的效用。

台北·辅仁大学社会科学院

2016年，春天

目 录

第一部分　基本理论与资料

第二部分　教育启示

/ 编者序/

1962 年维果茨基(Vygotsky)发表专著《思维与语言》(*Thought and* [ix]
Language)，自此，他成为美国心理学界有影响的杰出人物。5 年前，
在维果茨基的学生鲁利亚(Luria)的强烈要求之下，我们同意出版维果
茨基的论文集。这本论文集反映了维果茨基的基本理论成果，思维与
语言关系的研究就是其中一个重要方面。鲁利亚给我们提供了维果茨
基两部作品的翻译初稿。第一部作品是未曾公开发表过的《儿童发展中
的工具与符号》(*Tool and Symbol in Children's Development*，1930；以
下简称《工具与符号》)；第二部作品是《高级心理功能的发展历史》(*The
History of the Development of Higher Psychological Functions*)，该文
出现在 1960 年在莫斯科出版的维果茨基作品第二卷里。大致阅览这些
论文，我们深信维果茨基成果涉及的范围远远超越了《思维与语言》。
维果茨基给心理学界许多同行的印象是早期认知发展的新行为主义者，
而这两部作品让我们深信这是不恰当的。

在本书中我们编辑的前 4 章来自《工具与符号》，第 5 章总结了《工
具与符号》中的理论和方法要点，并将其应用于认知心理学的经典问

题：选择反应的本质。该章选自《高级心理功能的发展历史》的第三部分。第 6 章和第 8 章来自维果茨基去世后发表的论文集《儿童的智力发展与学习过程》(*Mental Development of Children and the Process of Learning*，1935)。第 7 章与游戏有关，以维果茨基 1933 年在列宁格勒教育学院(Leningrad Pedagogical Institute)所作的演讲为基础编写，演讲稿于 1966 年发表于《心理学问题》(*Problems of Psychology*)。本书后面附有完整的维果茨基著作的参考。

为了完整理解文本的意义，我们在几处增加了额外的材料。大多数重要的段落均来自《高级心理机能的发展历史》的章节。其他内容选自 1956 年或 1960 年的论文集。有几页内容来自维果茨基的学生或合作者的作品。这些作品极其简要地描述了具体的实验过程和结果。参考文献在注释中均有注明。

我们灵活地将这些零乱的论文整编好，呈献给读者的是编译的而非直译的维果茨基著作。我们删除了多余的内容，并增加了新的材料使其观点更简洁明朗。正如其他编者所言，维果茨基的风格非常难懂。他是个多产的学者，但其手稿却从未被完整编辑。此外，在反复生病期间，维果茨基常以口述的方式写作，其结果是常有重复、过于简略或者以诗歌的形式呈现的语言。原稿存在的许多疏漏今天理解起来比当年写作时更难，因为原稿中维果茨基很少给出参考文献，我们不得不通过维果茨基参考的文献补充了我们的推测。追溯和品读原稿，本身就是一件收获颇丰的事。而与维果茨基同时代的人在一些重要方面均属现代派。我们知道擅改原稿可能会曲解本意，但愿通过陈述我们的编辑过程以及尽可能地遵循原作的原则内容，我们没有扭曲维果茨基的原意。

  鲁利亚为我们提供了第 1 章到第 5 章大量的翻译材料、详尽的参考文献和充实的实验材料，并校对了我们的手稿，在此，我们表示深深的谢意。第 6 章和第 7 章是由莫里利亚斯（Martin Lopez-Morillas）翻译的。第 5 章和第 1 章至第 5 章的部分内容是由科尔（Micheal Cole）翻译的。我们还要感谢沃茨（James Wertsch）帮忙翻译最难的部分内容。

  我们花了好几年时间才完成本书的编写。各位编者在不同地方工作，接受不同的文化教育，因而根据各自的兴趣收集不同的材料。由于这个复杂的思想体要讨论众多问题，我们编写了两篇论文反映"品读维果茨基"的不同方面。 [xi]

维拉·约翰－斯坦纳（Vera John-Steiner）   迈克尔·科尔（Michael Cole）

埃伦·苏伯曼（Ellen Souberman）   西尔维娅·斯克里布纳（Sylvia Scribner）

新墨西哥大学   洛克菲勒大学

蜘蛛的活动与织工的活动相似，蜜蜂建筑蜂房的本领使人间的许多建筑师感到惭愧。但是，最蹩脚的建筑师从一开始就比最灵巧的蜜蜂高明的地方，是他在用蜂蜡建筑蜂房以前，已经在自己的头脑中把它建成了。劳动过程结束时得到的结果，在这个过程开始时就已经在劳动者的表象中存在着，即已经观念地存在着。他不仅使自然物发生形式变化，同时他还在自然物中实现自己的目的，这个目的是他所知道的，是作为规律决定着他的活动的方式和方法的，他必须使他的意志服从这个目的。但是这种服从不是孤立的行为。除了从事劳动的那些器官紧张之外，在整个劳动时间内还需要有作为注意力表现出来的有目的的意志，而且，劳动的内容及其方式和方法越是不能吸引劳动者，劳动者越是不能把劳动当作他自己体力和智力的活动来享受，就越需要这种意志。

——卡尔·马克思，《资本论》

人的思维的最本质的和最切近的基础，正是人所引起的自然界的变化，而不仅仅是自然界本身。

——弗里德里希·冯·恩格斯，《自然辨证法》

/导 论/

迈克尔·科尔

西尔维娅·斯克里布纳

  维果茨基读书时主修的是法学和哲学，于 1917 年俄国十月革命之   【1】
后才开始他的心理学生涯。在此之前，他已经写了许多文学评论。他
是实验心理学的创立者冯特(Wilhelm Wundt)鼎盛时期的学生，之后又
成为美国实用主义者詹姆斯(William James)的学生。维果茨基的科学
同行有巴甫洛夫(Ivan Pavlov)，别赫捷列夫(Vladimir Bekhterev)，行
为主义刺激—反应理论推行者华生(John B. Watson)以及格式塔(Ge-
stalt)心理学创立者韦特海默(Wertheimer)、苛勒(Köhler)、考夫卡
(Koffka)和勒温(Lewin)。读者可能会认为维果茨基的作品主要是历史
方面的，或许只是描写现代心理学的创立者们以怎样的方式影响十月
革命后的苏联心理学。这些作品当然是与心智史有关的，但并非历史
遗产。相反，我们将其呈现是为了进一步探讨当代心理学的未解难题。
  为了理解本书中的观点是如何跨越不同时代与文化，依然与我们
相关的，我们反复阅读和思考欧洲心理学，因为是欧洲心理学为维果
茨基的理论提供了最初的背景。我们也发现厘清十月革命后苏联的心
理学和社会状况十分有用，因为这是维果茨基及其同事开创马克思主

义的人类智力功能理论时所直接面对的问题来源，也是维果茨基精神
动力的源泉。

【2】 19 世纪初

直到 19 世纪后半叶，对人的本质的研究才脱离哲学领域。洛克
(John Locke)的弟子在英国发展了经验主义来解释人的心理，强调人
的观念来源于对环境产生的感觉。对这些英国经验主义者来说，心理
分析的主要问题是描述简单感觉结合产生复杂观念的联结法则。在欧
洲大陆，康德(Immanuel Kant)的追随者们则认为时空观念，以及数
量、质量和关系概念源于人的心理无法被分解为更小的元素，双方各
执一词。这两种哲学传统均起源于笛卡尔(René Descartes)的假设：对
人类的科学研究仅可应用于其身体，对人类精神的研究则属于哲学
领域。

尽管这两种取向的争论一直延续到现在，但在 19 世纪 60 年代，
这种争论使用的术语被三本几乎同时出版的书改变。其中最著名的一
本是达尔文(Darwin)的《物种起源》(*Origin of Species*)，该书指出人类
与其他动物间存在本质的连续性。该论断引发众多学者试图建立人类
成年人与其低级亲族(个体发育和系统发育方面)的非连续性。第二本
是费希纳(Gustav Fechner)的《心理物理学纲要》(*Die Psychophysik*)，
该书详细描述了特定的物理事件与能用言语表达的"心理"反应之间的
关系。费希纳用客观、量化的方式描述人类心理的内容。第三本是莫

斯科的医生谢切诺夫（I. M Sechenov）所著的一本小册子《脑的反射》（*Reflexes of the Brain*）。谢切诺夫曾与欧洲一些著名生理学家共同研究，他使用特定技术将活的有机体的神经—肌肉进行分离，从而推动了对简单感觉—运动反射的理解。谢切诺夫坚信他在分离青蛙的组织时所观察的过程，与包括人类在内的完整生物体的中枢神经系统运作原理一样。如果腿部肌肉的反应能被抑制和激活过程所解释，那么同样的原理为何不可以应用到人类大脑皮层的活动中去呢？尽管缺乏证据直接证明他的推测，但谢切诺夫的思想为将动物的自然科学研究与人类的哲学研究联结起来提供了生理学基础。沙皇的一位官员觉察到【3】谢切诺夫理论中蕴含着革命性的唯物主义思想，因此一直禁止该书出版。该书的出现对达尔文的思想有所贡献。

　　达尔文、费希纳和谢切诺夫所著的这三本书被视为 19 世纪末心理学思想的经典之作。达尔文用一个由自然法调节的单一概念系统将动物和人类联结起来；费希纳提供具体例子说明物理事件和人类心理功能之间的关系符合怎样的自然规律；谢切诺夫则通过青蛙大腿的痉挛作出推断，提出一个生理学理论以说明正常人的心理过程是怎样运作的。他们三人并不认为自己是心理学家，但却提出了 19 世纪后半叶新兴的心理学所关注的核心问题，如动物和人类行为之间、环境和心理事件之间、生理过程和心理过程之间有着怎样的关系。心理学的不同学派攻克了其中的某些问题，但也只能从理论上作出部分解答。

　　第一个学派是冯特在 1880 年建立的学派。冯特致力于探索人类意识内容与外部刺激之间的关系。他采用的方法是分析意识状态有哪些构成成分，这些成分被他称为简单感觉。冯特以先验为依据，将"感觉"(feelings of awareness)和"关系的知觉"(perception of relation)作为意识的构成元素。他认为这些现象只不过是观察(或内省)这一错误方法的副产品而已。事实上，冯特明确指出复杂的心理功能或者高级的心理过程在原则上是不能被实验心理学家研究的(如自主记忆或逻辑推理)，而只能通过对神话、习俗或语言这种文化产物的历史研究进行考察。

在第一次世界大战之初，以内省的方式研究人类意识过程受到两方面的攻击。俄国和美国心理学家对这类正确的感觉内省描述表示出不满并公开辩论，批评该研究方法成效太低，应放弃研究意识，转为**【4】** 研究外在的行为。利用巴甫洛夫提出的条件反射作用(以谢切诺夫为基础)和达尔文提出的人类与动物之间的连续性，他们开创了大量研究动物和人类行为的科学研究领域。他们在重要的一点上赞同内省研究者：研究策略是找出人类行为的构成要素(用刺激—反应联结替代感觉)并阐明简单要素结合起来产生更为复杂的现象的内在规律。这使得心理学家们集中研究动物和人类共有的过程却忽略了高级的过程——思想、语言和有意志的行为。描述意识内容受到的另一种攻击来自一群心理学家，他们反对冯特和行为主义者均赞同的观点：将心理过程分析成更基础的构成要素。这场运动由格式塔心理学派发起，他们的研究证明华生所提出的意识的基本元素或简单的行为刺激—反应理论均不能解释智力现象(苛勒的大猩猩研究就是一个例子)和知觉现象(如韦特海默对于似动现象的研究)。格式塔学派明确指出不能用简单的构成要素来解释复杂过程。

　　简而言之，这些就是维果茨基走入心理学历史舞台时欧洲心理学界的历史背景。俄国当时的情形也大体一样。

俄国十月革命后的心理学

　　20世纪初期的俄国心理学界和欧洲一样，四分五裂，各个学派对某些现象的解释各执一词。1923年，在第一届全俄心理神经学大会上，科尔尼洛夫(K. N. Kornilov)首次提出了在十月革命后心理学的主要组织和队伍的转变。当时具有声望的莫斯科心理研究所由切尔帕诺夫(G. I. Chelpanov)领导，他是冯特内省心理学的拥护者，反对行为主义[1917年，就在大革命前，他出版了《人的心理》(*The Mind of Man*)第六版，该书批评了唯物主义心理学理论]。切尔帕诺夫限制马克思主义在心理学中的应用，其理由是马克思主义可以帮助解释意识的社会组织，但不能正确解释个人意识。在题为《当代心理学和马克思主义》　【5】的一次讲话中，科尔尼洛夫不但批评切尔帕诺夫心理学理论的唯心主义基础，而且批评他阻碍了马克思主义在心理学中的发展。科尔尼洛夫宣称自己的方法为反应学，寻求将心理学所有分支都纳入马克思主义框架中，而这个框架以行为反应作为基础资料。

　　1923年科尔尼洛夫对切尔帕诺夫的批评取得胜利，他取代切尔帕诺夫成为心理研究所所长，之后立刻召集了一批年轻的科学家致力于开创和发展行为的、马克思主义的心理学理论。在一年后的第二届心理神经学大会上，维果茨基所做的题为《意识作为行为心理学的研究对象》(*Consciousness as an Object of the Psychology of Behavior*)的报告产生了轰动效应。不管我们能从科尔尼洛夫的反应学方法中提炼出多少有价值的内容，很明显，该方法没有明确人类行为中意识的角色，也没有在心理科学中给意识概念明确定位。[1]

维果茨基反对新的权威，然而也并没有转过头来推崇切尔帕诺夫的观点。他在首次演讲以及随后发表的文章中明确指出，在他看来当时没有一个心理学派能为建立统一的人类心理过程理论提供坚实的基础。借用一位德国同行的话说，他时常提到"心理学危机"(crisis of psychology)，并将综合全新理论基础上的各种观点视为己任。

在维果茨基的格式塔学派同行看来，心理学是存在危机的，因为已有的理论(主要是冯特的心理学和华生的行为主义心理学)不能解释复杂的知觉和问题解决行为。而在维果茨基看来这个危机更大。他和格式塔心理学家一样反对用心理学分析方法将所有心理现象还原为一系列的心理"原子"，但维果茨基感觉格式塔学派的心理学家们只停留在描述复杂的心理现象而不能对其进行解释。即便人们接受格式塔对之前的心理学研究方法的批评，危机依旧存在。因为心理学依然划分为不可调和的两个部分：一个分支是"自然科学"，解释基本的感觉和反射过程；另一个分支是"心理科学"，描述高级心理过程新的属性。而维果茨基想开创的是一种能为自然科学接受、可以解释高级心理功能的综合路径。在维果茨基看来，解释的意义非凡。它包括识别某个特定功能下的大脑机制，解释同一种行为从简单形式到复杂形式的发

【6】

展史，以及更主要的是，明确行为发展的社会脉络。维果茨基的目标远大，甚至有些不甚理性。他没有实现这一目标(这一点他自己也很清楚)，但却成功地为我们提供了一种敏锐的和具有先见性的对于现代心理学的分析。

维果茨基的作品不断得到肯定的一个主要原因是，他在1924年以及接下来的10年中提出了深邃的批评，指出从动物心理学衍生出来的原理，尤其是刺激—反应法则的机械联结不能解释人类的高级心理功能。同时他有力地批评了以下这样一种理论观点，即认为成人智力功能出现的唯一原因是成熟，或者认为这些功能在儿童时期就已成形，只是等待机会出现而已。

强调语言和思维的社会起源，维果茨基无疑深受法国社会学家的影响。但据我们所知，维果茨基是第一位提出文化通过特定机制成为个人属性的一部分的现代心理学家。维果茨基坚持心理功能是大脑活动的结果，并是较早提倡将实验认知心理学、神经学和生理学结合进行研究的学者。最后，他宣称应在马克思主义关于人类社会的历史理论的基础上来理解这一切，这为统一的行为科学奠定了基础。

马克思主义理论框架

不同于当时那些苏联学者的刻板做法——他们通常会急迫地将自己的研究理论遵从于政治局对于马克思主义的最新阐释——维果茨基在自己职业生涯早期就已将马克思主义思想视为有价值的科学源泉。

"辩证唯物主义和历史唯物主义在心理学的恰当应用"便是对维果茨基高级心理过程的社会文化理论最精确的总结。

【7】　维果茨基认为用辩证唯物主义的方法和原则可以解决同行所面临的科学悖论。这种方法的中心原则是所有现象都可以作为运动(motion)和变化(change)的过程进行研究。就心理学的学科主题而言，科学家的任务是重建行为和意识发展的起源和过程。每种现象不仅有自己的历史，而且这一历史有质的变化(形式、结构和基本特性的变化)和量的变化。维果茨基将这一推断应用于解释基本心理过程如何转换成复杂心理过程。通过追踪发展过程中所发生的质的变化，可以在初级过程的自然科学研究与行为的文化形式的推理反思这两者之间架起一座桥梁。因此，维果茨基谈到他的路径是"发展性的"，这与儿童发展理论不可混淆。维果茨基认为发展的方法是心理科学的中心方法。

马克思的社会理论(也称为历史唯物主义)在维果茨基思想中担负着重要作用。根据马克思的理论，社会和物质生活的历史性变化引起"人类本质"(意识和行为)的变化。尽管这一观点已得到广泛赞同，但维果茨基第一个试图将其与具体的心理问题联系起来。通过努力，维果茨基创造性地阐释了恩格斯有关人类劳动和工具使用的概念，通过这些手段，人类改变自然并在这个过程中改变自身。在后面的第1章至第4章中，维果茨基探讨了工具的概念，其方式可以直接在恩格斯那里找到先例："手的专业化意味着工具的出现，而工具意味着人所特有的活动，意味着人对自然界的具有改造作用的反作用"[2]；"动物仅仅利用外部自然界，简单地通过自身的存在在自然界中引起变化；而人则通过他所作出的改变来使自然界为自己的目的服务，来支配自然界。这便是人同其他动物的最终的本质的差别"(p. 291)。维果茨基将人与环境互动中的中介概念扩展到符号和工具的使用。如同工具系统一样，符号系统(语言、文字和数字系统)在人类历史过程中被社会创造，并随着社会形式和社会文化发展水平而改变。维果茨基认为，经由文化产生的符号系统的内化带来了行为的改变，搭建了个体发展的早期形式与晚期形式间的桥梁。因此，对于维果茨基而言，在马克思和恩格斯理论传统中，个人发展变化的机制植根于社会和文化之中。

在后面的章节中(尤其是第5章)维果茨基概括了他对高级心理功能起源的构想，该构想揭示了其最基本的中介性质与历史变化的辩证　【8】唯物主义概念之间的紧密联系。

当一些苏联心理学家在各学派思想的纷杂中努力建立马克思主义心理学时，有时会过多地引用马克思主义的经典著作。在未公开发表的笔记中，维果茨基批评这种利用"引用方法"将马克思主义与心理学联系起来的方式，他明确指出马克思主义的基本方法论原理对心理学的理论建设或许有巨大帮助：

　　我不想通过堆砌一些引用资料来揭示心理的本质。学习了马克思主义的方法论后，我想探求如何建立研究人类心理的科学。……为了以广为接受的科学方式创建一种理论方法，就必须揭示某些现象的本质：这些现象变化的规律、质与量的特征，以及产生的原因。有必要阐明与之具体相关的概念与范畴——换言之，就是创建自己的"资本论"。

　　整个"资本论"是根据下面的方法来撰写的：马克思分析了资本主义社会的一个活的"细胞"，如价值的本质。在这个细胞里他发现了整个系统的结构及其所有的经济制度。他说，对于外行人这种分析看似是一种细枝末节的含糊混乱。事实上，可能确实存在一些细节，这些细节对于"微观解剖分析"意义重大。任何人只要发现"心理"细胞是什么——即便是产生简单反应的机制——都将找到解开整个心理学之谜的钥匙。（选自未公开发表的笔记）

　　仔细阅读这些手稿，让我们确信维果茨基对自己发展的理论框架所具有的执着及其收获。

知识和社会背景

　　在 20 世纪 20 年代的苏联，用发展和历史的路径研究人的本质的学者并非维果茨基一人。在心理学界，布隆斯基(P. P. Blonsky)——一位比维果茨基年长的同行，早已提出理解复杂心理功能需要发展性分析这一观点。[3]维果茨基采纳了布隆斯基的观点："行为只有作为行为的历史才能被理解。"布隆斯基较早倡导人类的技术活动是理解他们心理构成的关键，维果茨基进一步详细拓展了这一观点。

【9】　　维果茨基和当时其他的苏联理论家深受欧洲的社会学家和人类学家作品的影响，如图恩瓦尔德(Thurnwald) 和莱维-布吕尔(Levy-Bruhl)[4]，他们对依据原始人智力活动的人类学证据重建心理过程的历史很感兴趣。本书中少量的文献不足以反映维果茨基历史地理解智力发展过程的兴趣。他这方面的作品在 1930 年与鲁利亚共同出版《行为的历史研究》(*Studies in the History of Behavior*)一书后受到特别的关注。鲁利亚在此影响下于 1931 年和 1932 年两次深入中亚进行考察，考察结果在维果茨基过世很久后才发表。[5]

苏联语言学界中同样盛行强调历史。语言学的兴趣集中在语言的起源问题以及语言对思维发展的影响。在语言学中经常讨论与维果茨基以及沙皮尔(Sapir)、沃夫(Whorf)研究相似的概念，他们后来在美国的影响日益变大。

要理解维果茨基研究人类认知的路径，就有必要了解 20 世纪 30 年代的学术议题和当时苏联的社会政治条件。维果茨基工作的时代注重科学，希望用科学的力量解决苏联人民紧张的经济和社会问题。心理学理论研究不能脱离政府对科学家的实践要求，维果茨基的作品涉及面之广足以表明他想发展一种与教育和医学实践相关的心理学。维果茨基认为在应用的背景下开展理论工作并不矛盾。他的生涯伊始是做文学教师，早期的许多文章都与教育问题，尤其与智力和生理残障儿童的教育问题有关。他创办了莫斯科的残障学研究所(Institute of Defectology)，并且一直工作到他职业生涯的最后一刻。对于如先天失明、失语症、严重的智力障碍等医学上的难题，维果茨基将其视为理解人类心理过程的机会，建立治疗和辅导项目。因此，与其基本的理论观点一致，他的工作应该是寻求在社会中努力消除文盲，制订教育方案，充分发挥每个儿童的潜能。

【10】 维果茨基参与了阐释马克思主义心理学的讨论，这使他在 20 世纪 20 年代晚期和 30 年代早期卷入激烈的争论中。在这些争论中，意识形态、心理学和政治错综复杂地交织在一起，每个团体都想获权代表心理学。由于科尔尼洛夫 1930 年从心理研究所被革职，因而维果茨基和他的学生在短期内都处于主导地位，但他从未被认为是一名官方领导。

维果茨基去世前几年写了大量的文章讨论教育问题。文章中他经常使用术语"教育学"（pedology），现在通常译为"教育心理学"（educational psychology）。一般说来，他蔑视强调智力（IQ）测验的教育学，当时 IQ 测验模式在西欧和美国占据主导地位。他的目标是依据在本书第 6 章提到的原则革新教育学，但他的抱负远远超出他的能力而难以实现。维果茨基被错误地指控为推崇大众心理测验，并被视为"大俄罗斯沙文主义者"（Great Russian Chauvinist），因为他指出不识字的人（如生活在没有实现工业化的中亚地区的人）还没有发展出与现代文明相联系的智力。他去世两年后，苏联共产党中央委员会颁发法令禁止在苏联发表任何心理测验，同时所有主要心理学期刊停止出版近 20 年。一个知识酝酿和实验研究的时期结束了。

但维果茨基的思想并没有随着他的离世而消亡。就在去世之前他和他的学生在卡尔科夫（Karkov）建立了一个实验室，由列昂捷夫（A. N. Leontiev，时任莫斯科大学心理学院院长）负责，后来由扎波罗热茨（A. V. Zaporozhets，时任学前教育研究所所长）负责。鲁利亚在 20 世纪 30

年代后期完成了他的医学训练，并继续开展发展与神经心理学方面的先驱工作，后举世闻名。许多维果茨基早期的学生后来分别在苏联教育科学研究院下设的残障学研究所、心理研究所以及高校心理系(如莫斯科大学)担任重要职位。

通过对苏联心理学研究的考察会发现，维果茨基过去和现在均继续影响着各种与认知过程及其发展和消亡相关的基础与应用领域的研究。他的思想并非没有受到挑战，挑战甚至来自他的学生，但这些思想依然成为苏联心理学思想鲜活的一部分。

维果茨基对于实验方法的使用 　　　　　　　　　　　　　【11】

维果茨基在实验室所进行实验的文本有时会令读者担心。他几乎没有提供原始资料，并且得出的结论相当宽泛。那么，那些统计数据在哪里？观察是否反映"真正的"效应？这些研究证明了什么？它们真的支持维果茨基的基本理论吗？还是尽管他自己否认但也只是以推断的方式建构心理学而没有将自己的核心论点进行实证检验？那些植根于大多数美国实验室的实验心理学方法论，使"实验"这一术语远离维果茨基的研究，也使人们认为维果茨基的研究仅仅是有趣的证明或试验研究，而在许多方面它们确实如此。

本书以维果茨基的手稿为基础，我们发现铭记手稿的特性对我们十分有用。这些手稿并不构成可以推论出基本论点的系列研究报告。相反，维果茨基致力于呈现他的理论和方法的基本原理。为阐述和支持这些原理，他充分利用有限的实验数据，对具体研究的描述是概括化的，我们发现的往往是一般性的结论而不是原始资料。上述提及的一些研究已被他的学生更详细地发表了，其中一小部分有英文版本。[6]然而大部分研究被他的学生作为前期研究，从来没有准备发表。维果茨基的实验室只存留了 10 年，而且因为肺结核他随时有可能死亡。他的理论蕴含是如此广博而多样，时间却是如此短暂，以至于他的全部精力都投入到开创新的理论探索，而未能将早期的某一理论进行深入的研究和拓展。这个任务则由维果茨基的学生和继承者来完成，他们以不同的方式吸取了维果茨基的观点，并将其合并形成新的研究方向。[7]然而，在这些论文中，实验的风格仅仅反映出当时实验建构时的紧急条件。维果茨基的实验概念不同于美国的心理学，明白这一点对于了解维果茨基对于当代认知心理学的贡献十分重要。

【12】　　每个学习入门实验课程的学生都知道，传统上一个实验的目的是决定控制行为的条件。指导这一目标的方法论是：实验假设能预测刺激材料和任务，这些材料和任务又能决定某种特定的反应；实验者寻求最大化操控材料、任务和反应，以检测预期假设。反应的量化提供了实验比较的基础，引申出因果关系的推断。简而言之，实验设计是为了在一定条件下能产生解释度最大的结果。

　　对于维果茨基，实验目的则完全不同。他的基本方法原理(见本书第 5 章)并非来自对已有实验实践的纯粹方法论批评，而是产生于他有关高级心理过程本质的理论以及对心理学的科学解释。如果高级心理过程在学习和发展过程中出现变化，那么心理学只能通过找到产生这些变化的根源并绘制出它们的历史来充分理解它们。粗略一看，好似这会阻碍实验方法，而且需要长时间研究个体行为，但维果茨基相信(而且也睿智地证明了)实验可以帮助隐藏在惯常行为表面下的过程显现出来。他写道，通过设计恰当的实验，研究者可以创造过程来"浓缩某个特定功能发展的实际过程"。他与海因茨·沃纳(Heinz Werner)都将这种研究方法称为"实验生成法"(experimental-genetic)。海因茨·沃纳是一位杰出的与维果茨基同时代的学者，而维果茨基对他以发展和比较的方法研究心理学十分了解。

　　要想成为一种研究"过程的发展历程"的有效方法，实验必须尽可能给被试提供参与可以被观察的各种活动的机会，而不仅仅是严格控制。维果茨基有效使用的一种技术是在任务中加入障碍或困难，打乱问题解决的习惯做法。例如，在研究儿童交往和自我中心言语的功能时，维果茨基设计任务情境，要求儿童与另外一些语言不同的儿童(说外语或者失聪的儿童)共同合作活动。另一种方法是为解决问题提供各种选择，包括大量的材料(维果茨基称之为"外部帮助")，为满足任务要求，被试可以以各种方式使用这些材料。通过仔细观察不同年龄儿 【13】
童在不同难度条件下对这些外部帮助的使用，维果茨基尝试建构在儿童自身发展的过程中，智力操作是如何发生变化的。第三种技术是给儿童提供超出他知识和能力发展的任务，以发现新技能的早期开端。这个过程在本书(第7章)关于书写的研究中有详细说明。在这些研究中，给儿童铅笔和纸，然后要求他们表征/再现(representations)各种事件，从而让研究者了解儿童对于图形符号本质的最初理解。

在所有这些过程中，实验完成的关键资料不是儿童的成绩水平，而是取得成绩的方法。在美国研究者对儿童记忆的研究中，我们可以看到传统的实验工作(强调成绩)与维果茨基的工作(强调过程)之间的对比。在许多研究中(包括我们自己的许多研究)，研究者常给不同年龄的儿童一些单词让他们记忆，然后分析成绩，如回忆单词的数量或回忆的顺序。从这些指标中，研究者可以推论儿童在组织活动时是否以及在多大程度上采用了记忆策略。另一方面，约翰·弗拉维尔(John Flavell)和他的同事使用了与维果茨基的学生所用的十分相似的方法，给儿童材料进行记忆，告诉儿童可以做任何事情以帮助记忆。他们可以观察到儿童想对项目进行分类、他们所进行的分组类型以及其他儿童在记忆过程中使用的组织策略的各种指标。而对于维果茨基，中心问题则是：他们在做什么？他们怎样完成任务的要求？

与此相联，我们想澄清人们广泛误解的维果茨基理论方法和实验方法的基本概念。在维果茨基文本中有几处地方提到行为结构时使用的术语被我们译为"中介"(mediated)。有时这个术语会附有图表描述一种刺激、反应和两者之间的"中介联结"(例如，S-X-R)。这一术语连同相同的图表，在20世纪30年代后期被介绍到美国学习理论中。到了50年代，由于人们想拓展人类学习复杂行为(尤其是语言)的刺激—反应理论，该术语变得盛行起来。但有一点很重要，维果茨基并非一位刺激—反应学习理论家，他的中介行为理论也不能以此为背景去考量。

通过这一观点，维果茨基想要传递的意涵是：在人类行为的高级形式中，个体总是积极地改变刺激情境，这也是反应过程的一部分。维果茨基用"中介"这一术语表示的就是产生这一行为的整个活动的结构。

维果茨基的理论路径和实验方法有几层含义。首先，实验结果既是量化的也是质性的。基于仔细观察的详细描述是实验结果的重要组成部分。对于一些人而言，这只不过是有趣的逸事。但维果茨基坚持认为如果观察是以客观和严谨的科学方式进行，就可作为有效的事实来对待。

其次，这种新的实验方法打破了"实验室"和"田野"之间的传统边界。以游戏、学校和诊所为场景的实验介入和观察往往与以心理学家的实验室为场景的研究有同样的效果，甚至更好。本书所报告的敏锐的观察和富于想像力的介入证明这完全是可能的。

最后，追寻心理功能发展历史的实验方法比传统的方法及其他与历史(包括社会文化史和儿童史)有关的社会科学更适用。对维果茨基而言，在阐释人类意识和智力的宏大事业中，人类学和社会学的研究是离不开观察和实验的。

注 释

[1] K. N. Kornilov, "Psychology and Marxism," in K. N. Kornilov, ed., *Psychology and Marxism* (Leningrad: State Publishing House, 1925), pp. 9—24. L. S. Vygotsky, "Consciousness as a Problem in the Psychology of Behavior," in Kornilov, ed., *Psychology and Marxism*, pp. 175—198, See also

K. N. Kornilov, "Psychology in the Light of Dialectical Materialism," in C. Murchison, ed. , *Psychologies of 1930* (Worcester: Clark University Press, 1930; rpt. , New York: Arno Press, 1973).

[2]Friedrich Engels, *Dialectics of Nature* (New York: International Publishiers, 1940), p. 40.

[3]P. P. Blonsky, *Studies in Scientific Psychology* (Moscow: State Publishing House, 1911).

[4]R. Thurnwald, "Psychologie des primitiven Menschen," in *Handbuch der vergleichenden Psychologie* (Munich, 1922). L. Levy-Bruhl, *Primitive Mentality* (New York: Macmillan, 1923).

[5]A. R. Luria, *Cognitive Development: Its Cultural and Social Foundations* (Cambridge: Harvard University Press, 1976).

[6]Z. M. Istomina, "The Development of Voluntary Memory in Preschool Age Children," *Soviet Psychology*, 13, no, 4(1975): 5—64.

[7]M. Cole and I. Maltzman, eds. , *A Handbook of Contemporary Soviet Psychology* (New York: Basic Books, 1969). A. V. Zaporozhets and D. B. Elkonin, eds. , *The Psychology of Preschool Children* (Cambridge: MIT Press, 1971).

/ 维果茨基生平 /

列夫·谢苗诺维奇·维果茨基(Lev Semyonovitch Vygotsky)于
1896 年 11 月 5 日出生于白俄罗斯明斯克(Minsk)东北部的一个小
镇——奥尔沙(Orsha)。1913 年维果茨基完成了大学预科学习,凭借
优异的素质赢得了一枚金质奖章。1917 年从莫斯科大学主修文学专业
毕业,维果茨基开始进行文学研究。

1917—1923 年,维果茨基在戈梅利(Gomel)一所学校教授文学和
心理学。在这个学校里,他也负责成人教育中心的剧场部门,作了很
多场演讲,谈论文学和科学的问题。在这段时间,维果茨基创建了《维
拉斯科》(*Verask*)这一文学刊物;不久,他出版了他的第一本文学研究
著作,也就是后来重新发行的《艺术心理学》(*The Psychology of Art*)。
他也在教师培训机构中设立了一个心理实验室,并在这个机构教授一
门心理学课,课程内容后来以《教育心理学》(*Pedagogical Psychology*)
一书出版。

1924 年,他搬到莫斯科,先是在心理研究所工作,之后在他自己
设立的残障学研究所工作。同时,他主持属于人民教育委员会的生理

残障及心智障碍儿童教育系，并在共产主义教育学院、莫斯科第二大学(后来的莫斯科教育研究所)以及位于列宁格勒(Leningrad，今圣彼得堡)的教学机构(Hertzen Pedagogical Institute)中授课。1925—1934年，维果茨基聚集了一些擅长心理学、残障及心理异常等领域的年轻科学家一起工作。对于医学的兴趣促使维果茨基同时接受医学的训练，先在莫斯科的医学机构，后来在哈尔科夫(Kharkov)的乌克兰神经心理学院教一门心理学课程。逝世前不久，维果茨基受邀主持全联盟实验医学研究所[All-Union Institute of Experimental Medicine (VSSR)]的心理系。1934 年 6 月 11 日维果茨基因肺结核病逝。

A. R. 鲁利亚

第一部分

基本理论与资料

/ 1. 儿童发展过程中的工具与符号/

这本书的主要目的是描述独特的人类行为，并且提出了一个问 【19】题——在人类历史的长河之中这些特质是如何形成的，在个体的一生中又是如何发展起来的。

这本书提出的问题和分析与以下三个基本问题息息相关：①人类与环境的关系是什么？这里的环境包括物理的和社会的环境。②劳动是将人类与自然界紧密联系的基本手段，那么建立劳动的活动形式是什么？这些活动形式导致的心理结果是什么？③人类工具使用与言语发展的关系是什么？迄今为止，没有一个问题能被研究动物与人类心理的学者们完全解决。

20世纪初德国杰出的心理学家卡尔·施通普夫(Karl Stumpf)[1]与我将在本书讨论的研究范式完全不同。他将儿童研究与植物研究进行了比较，强调发展的植物特性，并将其与整个有机体的成熟联系起来。

实际上，在最复杂、最独特的人类行为发展过程中，成熟是第二因素。人类行为发展是一种行为向另一种行为形式复杂、质性的转化，用黑格尔的话来说是一种从量变到质变的转化。成熟这个概念作为一

种被动的过程，不能很准确地描述这些复杂的现象。然而，正如格塞
【20】 尔(A. Gesell)曾经巧妙地指出，我们在研究发展的方法中会使用植物
学的类比来对儿童发展进行描述，例如，我们说儿童的早期教育发生
在幼儿园(kindergarten)[2]① 。最近一些心理学家建议要禁止这种植物
学模式。

为了回应这种批评，现代心理学采用了更高的科学层级作为新的
研究路径，以动物学模式为基础研究儿童发展过程。曾经被植物学俘
虏的儿童心理学，现在又被动物学催眠。建立新模型的观察统统来自
动物王国，探索儿童问题的实验研究都在动物身上实施。无论是在动
物身上的实验结果还是获得这些结果的过程，都找到了一条从动物实
验室到幼儿园的道路。

这种涵盖了儿童与动物的心理学给研究生物学为基础的人类行为
做出了很大贡献。儿童与动物行为的许多关联，尤其是初级心理过程
研究中的关联都建立起来。但出现了一个矛盾，当植物学方法很流行
时，心理学家强调高级心理功能(这也是人所独有的)的独特性，以及
用实验方法研究的困难性。但研究高级智力过程(这也是人所独有的)
的动物学方法导致心理学家将高级的智力功能解释为动物对应过程的
直接连续体。这种理论方法尤其应用在对儿童实践智力(practical intel-
ligence)的分析中更为显著，其最重要的部分是儿童工具的使用。

---

① 幼儿园的英文 kindergarten 一词，系德语借用词，字面意思为 children's gar-
den，即儿童花园。——译者注

动物与儿童的实践智力

苟勒最显著的成就是有关实践智力的研究[3]，在第一次世界大战期间他在猩猩身上做了很多实验，将观察到的猩猩的行为与儿童的反应相比较。这种对儿童实践智力与猩猩相似反应的直接类比构成了该研究领域实验的基本原则。

K. 比勒(K. Buhler)同样尝试去建立儿童与猩猩的相同之处[4]。他研究了幼儿如何抓取物件、追求目标时如何走弯路，以及他们使用重要工具的习惯。这些观察与要求幼儿从一根棍子上取下圆环的实验，都例证了一种与苟勒类似的研究路径。K. 比勒力图解释儿童实践智力的表现与猩猩在这方面的表现是相同的。事实上，儿童生命阶段中有一个被 K. 比勒称为"猩猩年龄"的时期。他的研究发现，10 个月大的婴儿可以拉动一个绳子来获取系在这个绳子上的饼干；通过举高而不是放在一边，将圆环从杆子中移出来的动作和能力只有在 2 岁中期才会出现。[5]虽然这些实验被解释成支持儿童与猩猩的类比，但它们依然使 K. 比勒有了一个重大的发现，儿童实践智力发展的初期[他定义为"技术性思维"(technical thinking)]以及猩猩的行为与个体言语(speech)之间是彼此独立发展的。

夏洛特·比勒(Charlotte Buhler)对出生第一年婴儿细致入微的观察更加支持了以上结论。[6]她发现儿童实践智力的第一次显现发生在很小的年纪——6 个月大。不仅仅是工具的使用，还有系统的动作和观

【21】

察，大脑和手——实际上是儿童的整个机体在发展。因而，儿童在每
一特定阶段的活动系统不仅仅取决于儿童的器官发展程度，还取决于
他们对工具的掌握程度。

　　K. 比勒建立了发展的重要原则：技术性思维先于言语智力，技术
性思维包含了认知发展的初始阶段。他对儿童行为"类似猩猩特征"的
强调与开创有众多跟随者。在这里，动物模型的危险性以及人类与动
物行为的类比都显而易见。如 K. 比勒所做的，在聚焦于儿童发展的
前语言期的研究中，这种潜在的危险性比较小；然而对于非常年幼儿
童的研究，他提出了一个令人质疑的结论："猩猩的任务完成与语言是
相对独立的；而人，甚至在以后的生活中，与其他思维方式相比，技
术性思维或工具思维与语言及概念的关系密切度要小得多。"[7]

　　K. 比勒从十个月大的儿童实践智力与言语的关系这一假设出发，
并推论这一特征一生都不变。这种分析假设智力行为(intelligent ac-
tion)独立于言语，这与我们的发现是相背离的，我们的发现揭示了言
语和实践思维在发展过程中的整体性。

　　在苛勒对猩猩的问题解决能力研究之后，夏皮罗(Shapiro)和格克
(Gerke)提出了实验基础上儿童实践性思维发展的一个重要观点。[8]他
们推论儿童的实践性思维与成人思维在某些方面有相同和相异之处，
并且强调社会经验在人类发展中的主导地位。他们认为，社会经验通
过模仿发挥它的作用；当儿童模仿成人如何使用工具，他就掌握了所
参与活动的重要原则。行为一遍又一遍地重复，就像一张多次曝光的
照片，共同的特征变得清晰，不同的部分变得模糊。最终形成固化的

【22】

方案，即一种活动的固定原则。儿童经历得越多，越能掌握大量的他们可以理解的模型。这些模型过去和现在都代表了从所有相似行为精练出的累积的设计；同时，它们也为未来可能的行为类型提供了一个粗略的蓝图。

然而，夏皮罗和格克关于"适应"(adaption)的概念与"重复"这一机械概念联系得过于紧密。对他们而言，社会经验仅仅给儿童提供了动作模式，并没有参与儿童智力操作的内在结构的改变。在他们对儿童问题解决的描述中，强调了成长中的儿童所做的实践性和适应性努力中"言语的特定角色"。但是他们对于这种角色的描述却很奇怪，"言语，"他们说，"是对于真正的适应的替代和补偿；它不是作为与以往经验连接的桥梁，而只是通过实验者获得的一种社会适应。"这一分析不允许言语对实践活动新结构的组织发展有所贡献。

纪尧姆(Guillaume)和迈耶尔松(Meyerson)对于人类独特行为模式开端中言语的角色，提供了一个不同的结论。[9] 他们从猩猩使用工具的实验中推论：猩猩完成目标任务使用的方法与得了失语症的人类(也就是不能说话的人类)在原则和关键点上相似。他们的发现支持了我的假设，言语在高级心理功能的组织中扮演了一个重要的角色。[10]

【23】

这些实验案例绕了一圈又将我们带回到了原点。K. 比勒的实验说明了幼小儿童的实践活动先于言语的发展，这一点与猩猩相同，并且纪尧姆和迈耶尔松认为猩猩的行为与丧失了言语的个体行为相似。这两条线都将我们的关注点聚焦在理解儿童实践活动的重要性上，尤其是在他们刚刚开始说话的年龄。我和同事们的工作都直接指向同样的问题，但我们的前提和以往的研究者不同。我们首要关切的是描述并且具体化那些使人类变得独特的实践智力的发展形式。

言语与工具使用的关系

在苛勒的经典猩猩实验中，他证明了尝试在动物身上发展即便是最基本的符号和运算都是无效的，并得出一个结论：对于猩猩而言，工具使用与符号活动无关，在猩猩身上培养创造性言语的进一步努力得不到任何效果。这些实验再次表明动物的目的性行为独立于任何言语或者符号—使用活动。

将"工具使用"（tool use）从"符号使用"（sign use）中分离出来，在对实践智力的自然历史的研究中是很常见的，心理学家对儿童的符号发展过程的研究也遵循同样的过程。所以，言语的起源和发展及其他的符号使用活动都被认为是独立于儿童实践活动的组织。心理学家更倾向于将符号使用的发展单纯作为智力的一个例子去研究，而不是作为儿童发展历史的产物。他们经常将符号的使用归因于儿童自动发现了符号与它们所代表的意义之间的关系。正如斯特恩（W. Stern）所言称的：认识到语言符号（verbal signs）具有意义就是"儿童生活中最伟大的发现"[11]。有一些研究者将这一快乐的时刻确定在儿童出生第一年和第二年的交接之时，并认为这是儿童心理活动的产物。其实，没有必要过于仔细地检验言语和其他形式的符号使用的发展。相反，我

【24】

们通常会假设儿童的心理包含了未来智力发展的所有阶段；它们以完整的形式存在，并等待着在适当的时刻出现。

不仅言语和实践智力被假定具有不同的起源，而且在共同操作中的联合参与也被认为在心理层面并不重要(详情参考夏皮罗和格克的著作)。甚至当言语和工具使用在同一操作中紧密联系，学者们仍然将它们当作分离的过程并属于两种完全不同类型的现象来进行研究。充其量它们同时发生的现象被认为是一种偶然的、外部因素的结果。

研究实践智力的学者和研究言语发展的学者有时并不能辨认两者的交织之处，因此儿童的适应性行为和符号使用活动被认为是平行现象——这种观点导致了皮亚杰(Piaget)的"自我中心"言语(egocentric speech)[12]概念的产生。虽然他被迫承认言语的实践重要性，但他既不认为言语在儿童活动的组织中起到了重要作用，也不强调它的沟通交流功能。

虽然实践智力和符号使用在幼儿中能彼此独立地操作，但在成年人中这些系统的辩证统一是复杂人类行为的本质。我们的分析认同符号活动具有特定的组织功能，它能渗透到工具使用的过程，也可以从根本上产生新的行为形式。

社会互动以及实践活动的转换

基于前面章节的讨论以及后面即将介绍的实验，我们可以得出以下结论：当言语和实践活动这两个先前完全独立的发展线汇合之际，人类智力发展最重要的时刻就来临了，就在这一刻产生了人类形式的实践智力和抽象智力。虽然儿童前语言时期的工具使用与猩猩类似，但只要言语和符号使用在任何活动中汇合到一起，那么这一活动将会完全根据这个新的发展线来转换和组织。这样就实现了人类工具的特定使用，从而超越了高等动物工具使用可能的局限性。

【25】 在儿童开始掌控自己的行为之前，他们开始求助言语来掌控周围环境，除了重新组织行为本身，还产生了与环境的新关系。这种独特的人类行为模式出现之后继而产生了智力，并且成为创造性工作的基础：人类独特的工具使用形式。

在实验条件下对儿童的观察与苛勒对猩猩的观察结果相似，这说明儿童在尝试完成一个目标时不仅仅是用动作（act）而且还说话（speak）。这些言语是自发说出的，在整个实验过程中持续无中断。随着情境越来越复杂或者目标越来越难以达到，说话会增加，也更持久。尝试着去妨碍他们说话不仅无效而且会让儿童变得"不知所措"[详情可见我的合作者莱温娜（R. E. Levina）的实验]。

莱温娜给4～5岁的儿童设置了一些实践问题，如从一个橱柜里拿出一块糖，糖放置的地方是儿童不能直接够到的。随着儿童越来越努力地去取糖果，他们的"自我中心"言语开始作为他们努力的一部分显现。刚开始这些言语包含了对情境的描述和分析，但是逐渐开始有了"计划性"的特征，反映了解决问题的几种可能途径，最后就成了问题解决的一部分。

例如，一个四五岁的小女孩被要求从橱柜中拿出糖，可借助几个凳子和一根棍子为工具。莱温娜的描述如下：（站在凳子上，安静地打量着，用棍子感受着搁板）"站在凳子上。"（朝实验者看了一眼，把棍子拿在另一只手上）"这真的是糖吗？"（犹豫）"我能拿另外一个凳子，站在上面够到它。"（拿第二个凳子）"不行，我够不着，我要用这根棍子。"（拿棍子，对着糖果敲）"它现在可以动了。"（敲糖果）"它动了，我不能用凳子拿到它，但是，但是这根棍子可以。"[13]

在这种情境下儿童边说话边活动看起来是很自然且必要的；在研究中我们发现言语不仅仅伴随着实践活动，而且在实施中扮演了一个特定的角色。我们的实验说明了两个重要的事实。

其一，儿童的言语和行为在完成目标过程中都扮演了同样重要的角色。儿童不仅仅说出了他们在干什么；他们的言语和行为是直接用来解决问题的复杂心理功能的组成部分。

其二，情境所要求的行为越复杂和解决方法越不直接，言语就越重要。有时言语是如此重要，如果不允许儿童使用，他们就无法完成任务。 【26】

这些观察让我得出以下结论：儿童在解决实践任务时借助了言语，以及他们的眼睛和手。这种感知、言语和行为的联合可以最大程度地将视觉域内化，构成任何分析独特人类行为模式起源的中心主题。

为了进一步思考前面提出的两点，我们必须要问：在解决实践性问题时，说话的儿童的行为与猩猩的行为之间的真正区别是什么？

第一个闪现在实验者头脑中的区别就是儿童在操作中表现出来的更大的自由，他们更加不会依赖于环境中具体的、可见的条件。与猩猩相比，儿童在言语的帮助下创造了更大的可能性通过行为来完成任务。这种更大的灵活性的一个重要表现就是儿童能够忽略行为者和目标之间的直接联系，而会着手一些准备工作，使用工具或者间接的方法。在完成任务的过程中，儿童能够考虑到当前可见范围内不存在的一些刺激物。他们能够使用语词(这些刺激的一种类型)创造一个特定的计划，儿童不仅能使用手边的物件工具，而且能寻求和准备一些能够在任务完成中有用的刺激物，并且计划未来的行动，从而完成更大范围的活动。

第二，在实践操作中，能说话的儿童与猩猩相比有更少的冲动和自发性。猩猩通常会用一系列不可控制的举动去解决问题。相比之下，能使用言语的儿童将活动分为两个连贯的部分，他通过言语来计划如何解决问题，然后通过外在行为实施准备好的解决方法。具备内在动机和意图的复杂心理过程取代了直接操作，时间上会有延迟，也刺激了他们自身的发展和认知。我们在猩猩身上没有发现这种心理结构模式，即使是未成熟的形式。

第三，言语不仅有助于儿童对物体的有效操控，而且也控制了儿童自身的行为。因此，与猩猩不同，儿童在言语的帮助下，获得了成为他们自身行为的主体和客体的能力。

【27】 如莱温娜的研究所示，对儿童在不同活动中自我中心言语的实验研究得到了第二个重要结论：自我中心言语的相对数量，可通过皮亚杰的方法来测量，会随着任务难度的提高而增加。[14] 在这些实验的基础上，我和我的合作者得出了一个假设：儿童的自我中心言语可以看

成是内部言语和外部言语之间的转化过渡形式。从功能上来说，自我中心言语是内部言语的基础，其外部形式体现在交流言语之中。

增加自我中心言语的一个方式是加大任务的难度，这样儿童就不能直接使用工具去解决问题。面临这种挑战时，儿童对情绪语言的使用增加，同时他们会努力获得较少自动化、更多智力性的解决方法。他们口头上寻求一个新的计划，其表达显示了自我中心言语和社会言语（socialized speech）的紧密联系。从实验者离开房间或者拒绝回答儿童的求助时就可以看出，儿童一旦被剥夺了说出社会言语的机会，他们就会迅速转化为自我中心言语。

虽然在这里两种语言功能的相互关系是清晰的，我们仍需记住：自我中心言语和儿童的社会言语是通过很多过渡形式连接在一起的。第一个重要连接发生在当儿童发现自己不能解决问题之时。他们转向大人，口头描述实施失败的过程中自己使用的方法，在其社会言语（其先前被用作强调成年人）内化之时，儿童使用语言作为问题解决的工具的能力发生了最大的改变。不再向大人求助，儿童转向自己；语言除了个体内部使用之外，还有了人际间的功能。当儿童发展了一个之前曾在与他人交往中使用过的行为方法来引导自己，当他们根据社会行为模式组织自己的活动之时，就是成功地将一种社会态度运用在自己身上。社会言语内化的历史过程也是儿童实践智力社会化的历史过程。

言语和行为的关系在儿童发展过程中是动态的，其结构关系在实验中能够相互转化。这种重要改变是这样发生的：在最初阶段，言语伴随着儿童的行为，以一种混乱、分裂形式反映着问题解决中的变化；

【28】　在接下来的阶段言语越来越朝向过程的起点，从而先于行为出现，其功能是辅助建构计划，而不是实现行为。我们能在儿童画画过程的言语中发现一个有趣的类比（详情请见第 8 章），幼小的儿童只能在画完之后给画命名，他们必须看到这幅画之后才能决定这是什么。当儿童稍大一点儿时，他们在画之前可以决定他们要画什么。这种命名过程的转换意味着言语功能的改变。刚开始言语跟随在行为之后，被行为激发和控制着；然而，当言语移位到活动的开端，词汇和行为的一个新的关系开始出现。现在言语引导、决定并支配着行为；言语除了现有的反映外部世界的功能外，还有了计划功能。[15]

　　正如一个模具可以给物体塑形一样，词汇也可以给活动塑造一个框架。但当儿童学会以超越以往经验的方式使用语言以计划未来的行为时，这个框架可以被改变或重塑。与斯特恩偶然发现并普遍推广的观点相反，我们设想口头的、智力活动是一个阶段，通过附加的计划功能，言语的情绪和交流功能被扩展。结果随着时间推移，儿童掌握了参与复杂操作活动的能力。

　　与猩猩不同——正如苛勒告诉我们的，猩猩是“自身可视疆域的奴隶”，儿童获得了对周围具体环境的独立性。一旦儿童学会了有效地利用语言做计划，他们的心理疆域就会产生巨大的改变。对于未来的视角是儿童探究周围环境的一个组成部分。在接下来的一章中，我会更详细地描述几个主要心理功能的发展过程。

　　综上所述，人类语言的独特能力给儿童提供了解决复杂任务的辅助性工具，既能克服冲动的行为，又能在实施之前计划好解决问题的

方法，还可以管理自己的行为。符号和词汇是用来和其他人交流的最 【29】
主要的工具。语言的认知和交流功能成为儿童新的、高级形式活动的
基础，以此将他们和动物区分开来。

我所描述的变化不仅仅在一个维度上体现，我们的研究显示幼儿
在解决问题过程中会使用独特的融合过程。成人对待人和事物有不同
反应，幼小的儿童则将语言和行为融合起来对待事物和社会人。这种
融合行为类似于知觉的融合，之前许多发展心理学家也曾描述过。

当儿童不能依靠情感性言语去直接努力达成期望的目标，不能轻
易解决问题时，我所描述的这种不均衡就清晰可见。有时言语表达了
儿童的渴望，有时又是目标实现的替代物。儿童尝试着通过口头描述
并转向实验者求助来解决问题。不同形式行为的融合刚开始会让人产
生疑惑，但是接下来观察到的一连串行为使儿童在情境下的行为意义
变得清楚。例如，在成功完成一些可以帮助他们解决具体问题的行为
之后，儿童突然遇见了一个难题，他会停止所有的行动并向实验者求
助。任何一个阻碍儿童解决问题的事情都可能打断他的活动。儿童向
其他人求助的话语显示了想要填补行动断裂的努力。当被问到为何要
这样做时，儿童的回答说明在解决问题之前他已经规划了一个计划，
但是他没有能力执行所有必须的操作。

通过这类重复的实验，儿童学会了悄悄地(心理上地)计划他们的
活动。同时为了应对任务，他们也将他人的帮助列入所需。儿童控制
他人行为的能力成为儿童实践活动的必要组成部分。

最初这种与他人联合的问题解决与儿童和他的帮助者所进行的角

色扮演并无差异。我们不止一次发现，在问题解决过程中，儿童在将他们做事的逻辑与他人做同样事的逻辑融合时会产生困惑。有时这种融合的行为表明儿童意识到他们直接用行动去解决问题是无望的。正【30】如莱温娜的例子，儿童通过语言和棍子同等地强调注意对象，这证明言语和行为有着不可分割并且十分重要的联系；当与成人中两者的分离相比较时，这种联系尤其具体和清晰。

总的来说，当儿童面临一个略微复杂的问题时，他们就会展现一系列的反应，包括完成目标的直接努力、工具的使用、直接对实验者说话或伴随行为的言语，以及直接口头寻求注意对象的帮助。

如果动态地来分析，这种言语与行为的融合在儿童发展历史上有其具体的功能；它也展示了其自身发生的逻辑。从儿童发展的第一天起，他的活动在其社会行为系统中获得了属于他自己的意义，直接指向明确的目的，并从儿童环境的多棱镜中折射出来。从物到儿童、从儿童到物的路径会历经其他人。人类的复杂结构是发展过程的产物，这一发展过程深深地植根于个人和社会历史的关联之中。

注　释

[1]K. Stumpf, "Zur Methodik der Kinderpsychologie," *Zeitsch. f. pädag. Psychol.*, 2(1900).

[2]A. Gesell, *The Mental Growth of the Preschool Child* (New York: Macmillan, 1925; Russian ed., Moscow-Leningrad: Gosizdat., 1930).

[3]W. Köhler, *The Mentality of Apes* (New York: Harcourt, Brace, 1925).

[4]K. Buhler, *The Mental Development of the Child* (New York: Har-

court，Brace，1930；Russion ed.，1924）.

[5]该实验参见：D. E. Berlyne，"Children's Reasoning and Thinking，" in *Carmichael's Manual of Child Psychology*，3rd ed.，Paul H. Mussen，ed. （New York：John Wiley，1970），pp. 939－981.

[6]C. Buhler，*The First Year of Life*（New York：Day，1930）.

[7]K. Buhler，*Mental Development*，pp. 49－51. See also C. Buhler，*First Year*. 黑猩猩的言语能力是目前心理学家与语言学家争论的主要问题。很显然的是，黑猩猩的言语技能比 K. 比勒和维果茨基的设想更为复杂。然而，人们仍激烈辩证有关这些观察所得到的认知和语言能力的推论。

[8]S. A. Shapiro and E. D. Gerke，described in M. Ya. Basov，*Fundamentals of General Pedology*（Moscow-Leningrad：Gosizdat.，1928）.

[9]P. Guillaume and I. Meyerson，"Recherches sur l'usage de l'instrument chez les singes"，*Journal de Psycholigie*，27（1930）：177－236.

[10]维果茨基的一生中，对失语症的研究未能开始着手。这个结论的错误以及他对失语症理论的后续修订可以在鲁利亚的工作中找到；见 *Traumatic Aphasia*（The Hague：Mouton，1970）.

[11]W. Stern，*Psychology of Early Childhood up to the Sixth Year of Age*（New York：Holt，Rinehart and Winston，1924；Russian ed.，Petrograd，1915）.

[12]J. Piaget，*The Language and Thought of the Child*（New York：Meridian Books，1955；also International Libary of Psychology，1925）. 维果茨基与皮亚杰关于早期语言发展以及自我中心言语作用的差异比较在维果茨基《思维与语言》（Cambridge：MIT Press，1962）第 3 章以及皮亚杰的手稿《六个心理学研究》（*Six Psychological Studies*）（New York：Random House，1967）中有大量的描述。

[13]参见莱温娜对于维果茨基有关儿童言语在计划中的角色的论述。*Voprosi Psikhologii*，14（1938）：105－115. 虽然莱温娜在 20 世纪 20 年代晚期进行了这些观察，不过他们除了这个简短说明，并未发表其他详细阐述。

[14]Piaget，*Language and Thought*，p. 110.

[15]这些实验更详细的描述在《思维与语言》第 7 章中呈现。

/ 2. 知觉与注意的发展/

【31】　　工具使用和言语之间的联系能影响到一些心理功能，尤其是知觉、感觉—运动操作和注意这些功能，每一个都是行为动态系统的一部分。发展性实验研究表明，在儿童发展过程中，功能结构系统中的联结和关系与个体机能本身一样，都会发生巨大的改变。我反过来考察每种功能，研究言语是如何导致其形式及其与其他功能的关系发生质变的。

　　苛勒的工作强调了在猩猩实践行为的组织中，视觉疆域结构的重要性。问题解决的整个过程从根本上是由知觉来决定的。在这方面，苛勒有很充分的理由相信这些动物与人类相比，在很大程度上都被它们的感觉领域所束缚。动物不能自发地调整它们的感觉疆域。事实上，知觉的所有自然形式都依赖于视觉疆域的结构，这大概也是一种有益的普遍法则。

　　然而儿童的知觉，是不会作为动物知觉模式的直接连续体发展和完善的，即使这些动物与人类如此接近，但他们是人类。研究这个问题的一些实验，也带领我们发现了一些用来描述高级人类知觉形式的基本规律。

第一组实验是关于儿童发展阶段中的图片知觉。类似的实验描述了幼儿知觉的具体方面,早先比内(Binet)曾实验研究了幼儿知觉对高级心理机制的依赖性,之后斯特恩又进行了详细的分析。[1] 两位研究者都发现幼儿对图片的描述在不同的发展阶段会不同。一个 2 岁儿童的描述,往往只限制在图片内某个单独的目标物。稍微大一点儿的儿童描述时能表明图片中分散目标物的复杂关系。基于这些观察,斯特恩推论儿童觉察独立目标物的阶段要先于将图片作为一个整体来觉察的阶段,后一个阶段除了目标之外还能觉察活动与关系。然而,很多心理学研究观察表明,最开始儿童的知觉过程是融合在一起的,到了后来才显示出更多区分。【32】

我们开展了一个实验来解决这两种观点的矛盾,这个实验复制了斯特恩有关儿童对图片描述的研究,我们要求儿童去交流一幅图片的内容,但是不要使用语言,也就是不要说出声来。我们建议这种描述用哑剧的形式来表达。根据斯特恩的理论框架,2 岁的儿童仍然处于发展的单独目标阶段,儿童被要求感知图片的动态特征,然后通过只做动作不说话这种很轻松的方式再现它们。斯特恩所认为的儿童的认知技能,被证明是其语言发展局限性的产物,也就是其言语知觉(verbalized perception)的特征。

一系列相关的观察表明:幼儿使用言语的首要作用是做标记。标记能够让儿童选择一个具体的目标物,并在知觉过程中将目标物从整个环境中分离出来。同时,当儿童说第一个字词时,会伴随富有表达性的手势,这样就能补偿他通过语言进行有意义交流所遇到的困难。

通过词语，儿童挑选出分散的元素，从而克服感知域的自然结构，并形成新的(人为引入和动态的)结构中心。儿童开始不仅仅是通过眼睛感知这个世界，而且可以通过言语。因此，即时的"自然"知觉就被复杂的中介过程取代了；这样，言语成为儿童认知发展的一个重要部分。

在此之后，言语的智力机制获得了新的功能；儿童的言语知觉不再仅仅限于标记的功能。在下一个发展阶段，言语具有了融合的功能，这个功能反过来又在实现认知知觉更复杂的形式中起到作用。这些改变赋予人类知觉全新的特征，与高级动物的类似过程截然不同。

【33】

语言在知觉中扮演着重要角色，因为视知觉和语言的性质是彼此反向的。在可视范围内的独立元素能够同时被感知到；在这个意义上，视知觉是一个整体。言语，在另一个方面，需要连续的程序。每个元素都被分开标记并且在一个句型结构中联结起来，这使得言语从本质上是可分析的。

我们的研究表明，即使在发展的最早期阶段，语言和知觉都是联系在一起的。在非语言的任务解决中，即使儿童没有发出一点儿声音就将这个问题解决了，语言依然对结果发挥了作用。这些发现证实了许多年前心理语言学家波蒂尼亚(A. Potebnya)发表的论文，其提出了人类的思维和语言之间必然的相互依存关系。[2]

人类知觉在非常小的年龄就具有了一个特征：对真实之物的知觉。这个特征与动物的知觉是不可类比的。因此这意味着，我们不仅能感知到这个世界的颜色和形状，也能感知到这个世界的观念和意义。我不仅仅能看见一个物体是圆的、黑色的，带有两个指针。还能知道这是一块表，并且分辨出这个指针与另外一个指针的区别。一些脑部受过伤的病人说，当他们看见一块表时，他们见到一个物体是圆的、白色的，还带有两个钢质的指针。但他们不知道这是一块表，这些病人就失去了与物体真实的联系。这些观察表明所有的人类知觉不仅仅包括孤立的知觉，还包含分类的知觉。

当行为模式发展到一个新的形式时，这种发展并不仅仅局限于知觉的变化。知觉是行为动态系统的一部分，因此，知觉过程的转变与其他智性活动转变之间的关系是首要的。我们对选择行为的研究说明了这一点，选择行为显示了幼儿知觉与动作的变化关系。

儿童选择行为的研究

我们要求 4～5 岁的儿童确定每一组图片刺激物分配给了哪一个按键，然后按键盘上五个键中的一个。这个任务超出了这个年龄阶段孩子的能力，因此产生了一些困难，并且需要更多的努力来解决问题。【34】可能最不寻常的是儿童整个选择过程是外部的，集中于动作层面，这能够让实验者观察到儿童动作中非常自然的选择过程。孩子一边做选择，一边完成选择所需要的动作。

儿童的决策结构与成人的不太相同。成人在行动之前，在内心会有一个初始计划，然后在接下来的计划中以单个动作的形式达成选择。儿童的选择类似在自己的动作中延迟挑选。知觉上的摇摆不定直接反映在动作的结构上。儿童的动作充满了散漫的摸索，而且彼此之间被打断和继续。只需看一眼儿童动作的追踪图，就足以确证选择过程中某个基本的动作特性。

儿童与成人在选择过程上最主要的不同在于：儿童的选择过程是由一系列尝试性动作组成的。儿童没有选择刺激物(必要的按键)作为接下来动作的出发点，而是选择了动作，并以此作为引导的指令来检核结果。这样，儿童决定他的选择不是直接通过可视的知觉，而是通过行动，在两个刺激物之间犹豫，他的手指从一个按键到另一个按键徘徊着移动，移到一半然后又返回。当儿童的注意力转向一个新地方，就会在知觉的动态结构中产生一个新的关注，他的手随着眼睛移到新的注意中心。简而言之，动作并没有从知觉中分离出来：过程几乎完全同步。

高级动物的行为中，视知觉以同样的形式构成更复杂整体的一部分。猩猩并不是被动地感知视觉情境；一个复杂的行为结构包含了反射的、情感的、动作的和智力的因素，直接指向吸引它的目标物。猩猩的动作构成一种即时的、动态的知觉延续体。儿童一旦在选择过程中运用一个更加复杂的心理功能，那么这种早期散漫的结构化反应就经历着根本的改变。这种表现在动物身上的自然过程，将转变成一种更高级的心理操作。

继续上述实验，我们试着去简化选择任务，在每个键盘上标记一【35】个对应的符号充当额外刺激，从而可以直接组织选择过程。实验要求儿童根据目标刺激的外观，按下有着对应标记的那个键。5～6岁的儿童可以很容易地完成这个任务。这种新加入的要素根本性地改变了选择程序的结构。初级的、"自然的"操作被一个新的和更复杂的操作所取代。更简单的任务唤起了一个更加复杂结构的反应。当儿童专注于以辅助记号来寻找与按键对应的刺激物时，他不再展现那些直接从知觉唤起的动作冲动。我们在之前选择反应中观察到的、当辅助手段未被使用时的那些不确定的悬而未决的摸索动作，现在都没有了。

辅助记号的使用打破了感觉域与动作系统的融合，使新的行为方式变得可能。在选择反应的初始动作与最后动作之间出现了一个"功能性屏障"（functional barrier），动作的直接冲动因初级环路而转向。之前靠冲动来解决问题的儿童，现在通过建立刺激与对应辅助记号的内在联系来解决问题。之前直接用来做选择的动作，现在只是为了满足计划好的操作。这个标记系统重建了整个心理过程，并促使儿童掌控他们的动作。它将选择过程重新建立在一个全新的基础上。动作将自己从直接的知觉中分离出来，归顺于选择反应中符号功能的控制之下。这一发展代表了与行为自然历史的基本分离，并开启了动物初级行为到人类高级智力活动的转变。

注意（attention）在工具使用潜在的心理结构中，应该发挥了第一位的功能作用。从苛勒开始，学者们注意到，能否引导注意的能力，是任何实践操作成败的决定因素。然而，儿童与动物实践智力的区别在于，儿童能够重建他们的知觉，并因此能从既定场域的结构中解放出来。在词汇所具有的指代功能的帮助下，儿童开始管理他们的注意力，在所感知的情境之中创建新的结构中心。正如考夫卡巧妙地指出，儿童能够决定自己知觉域的"重力中心"（center of gravity）；儿童的行

【36】 为不单纯被身处其中的个体因素特点所调节。儿童评估这些相关因素的重要性，从背景中挑出新的"特征"，并扩展控制活动的可能性。[3]

除了再组织其视觉—空间域，儿童在言语的帮助下，创造了一个时间域，与视觉的一样，时间域也是可知觉的，说话的儿童具有了以动态方式引导注意力的能力。他能从过去活动的视角，观察到即时情境的变化，也能从未来的角度在当下行动。

对于猩猩来说，这个任务是不可能完成的，除非目标和需要触及的物体同时在视觉范围内出现。对于儿童来说，通过语言控制注意力，重新组织视觉域，这个差距能够很容易弥补。猩猩能察觉到一根棍子，但当它的视觉范围发生改变或目标进入视野后，就会停止注意棍子。猩猩为了集中注意于棍子，必须看见棍子；而儿童可能是为了看见棍子，才注意它。

儿童的注意域不仅包含单个物体，而且包含了一系列潜在的知觉范围，形成连续、动态的结构。通过所需操作的各个活动的重建，视觉域的同时结构转换为注意的动态范围的连贯结构。当转变发生时，注意域将自身从知觉域中分离出来，即时发展自身，并成为动态心理活动的组成部分。

过去与当前视觉域各种元素在注意域中的结合（如工具与目标），转而导致了另一个重要功能的基本重建——记忆（参见第3章）。通过对过去情境与活动的口头描述，儿童将自己从直接回忆的局限中解放出来，成功地将过去与现在合成在一起以满足自己的目的。发生在儿童记忆域中的改变与知觉域中的改变类似，重心、人物以及基本关系都发生改变了。儿童的记忆不仅可以将过去记忆中的碎片变得更具可利用性，而且可产生一个新方法，将过去经验与现在联结起来。

在言语的帮助下，活动的时间域得到向前和向后的纵向扩展。未来活动以符号的形式纳入进行的活动之中。就记忆与注意而言，纳入符号的暂时知觉不会导致操作时间的简单延长，反而会为包含过去、现在、未来有效元素的单一系统的发展创造条件。这一正在生成的儿童的心理系统围绕两个新的功能：目的性活动的意图和符号表征。　【37】

儿童行为结构的改变与儿童基本需要与动机的改变相关。当林德纳（Lindner）将失聪的儿童与苛勒的猩猩在解决问题的方法上做比较研究时，他指出，引导猩猩的动机与引导儿童去完成目标的动机是不同的。[4]"本能"主导了动物，而对于儿童这只是次要因素。新的动机、社会根源和意图，为儿童提供了方向。勒温（K. Lewin）将这些动机描述为"准需求"（Quasi-Beduerfniss/quasi-needs），并且认为这些动机导致任一给定任务中儿童整个情感和自主系统的重建。[5]他相信伴随着准需求的发展，儿童的情绪力量从对结果的专注转移到解决方法的性质上。实质上，猩猩实验中的"任务"只是存在于实验者眼中，对于动物来说存在的只有诱饵和途中的障碍物。然而，儿童努力完成任务却有着完全不同的目的。因为他能形成准需求，也能将操作分解成独立的部分，每一部分在言语的帮助下成为独立的问题。

在勒温对有目的活动的精彩分析中，他对自主活动（voluntary activity）给出了一个界定明确的定义：它是行为的历史—文化发展的产物，也是人类心理的独有特征。人类在即使是最无意义的意图上显示出非凡的自由，这本身就是惊人的。我们有理由相信，相比高级发展的智力而言，自主活动将人类与那些最接近人类的动物区分开来。

注 释

[1]A. Binet, "Perception de'enfants," *Revue Philosophique*, 30 (1890): 582—611. Stern, *Psychology of Early Childhood*.

[2]A. A. Potebnya, *Thought and Language* (Kharkhov, 1892), p.6.

[3]K. Koffka, *The Growth of the Mind* (London: Routledge and Kegan Paul, 1924).

[4] R. Lindner, *Gas Taubstumme Kind in Vergleich mit vollstandigen Kinder* (Leipzig, 1925).

[5]K. Lewin, *Wille*, *Vorsatz und Beduerfniss* (Berlin: Springer, 1926).

/ 3. 记忆与思维的掌控/

我与同事研究了言语在认知重组和构建各种心理功能的新关系中 【38】 的作用，并在此启发下，开始研究儿童其他形式符号运用的一系列具体表现(绘画、写字、阅读、数字系统等)。同时，我们在思考，与实践智力无关的其他操作是否也会表现出在实践智力分析中发现的相同发展规律。

我和合作者完成了一系列用来解决这些问题的实验，现在基于从中获得的数据可以以图表的形式描绘儿童符号操作结构与发展的基本规律。关于记忆的讨论特别适合研究并展现出基本心理功能的变化，因为它明确地揭示了社会符号的起源及其在个人发展中扮演的至关重要的角色。

间接(中间)记忆的社会起源

一份关于人类记忆的比较研究显示：甚至在社会发展的最早阶段，就存在两种完全不同类型的记忆。一种主导了当时没有文字的人类行为，以材料的直接(非中间)印象为特点，通过保留真实经验作为记忆痕迹的基础。我们称之为自然记忆(natural memory)。这可以在延施【39】(E. R. Jaensch)关于鲜明表象(eidetic imagery)的研究中看到。[1]这类记忆与知觉非常相近，因为它由对人类的外在刺激的直接影响产生。从结构的角度来看，整个过程具有直接性的特征。

即使是没有文字的人类，也不是只有自然记忆。相反，另外一种记忆属于完全不同的发展路线，与自然记忆共存。通过使用可刻痕的棍子和绳结[2]，最初的书写和简单记忆的帮助证明了即使在人类发展的最初阶段，人类已超越了自然赋予的心理功能的限制，形成了一个新的有关其行为的文化—加工的组织方式。比较分析表明，即使是最高级的动物都没有这种行为，我们相信这些符号操作是社会发展特定条件下的产物。

即使是相对简单的操作，如系一个结或在棍子上做记号作为提醒，也能改变记忆程序的心理结构。它们扩展了记忆操作，超越了人类神经系统的生物维度，并允许它并入人为的、自我生产(self-generated)的刺激——我们称之为符号。这种合并对人类来说是独特的，代表了一种行为的全新模式。我们能够在刺激—反应关系的结构中发现它和初级功能之间的重要区别。初级功能的核心特征在于，它们完全且直接由来自环境的刺激决定。对于高级功能来说，其核心特征是自我生产的刺激，这种人为刺激的创造和使用成为行为的直接原因。

符号操作的结构

行为的每个初级形式都假设了有机体对任务的直接反应[可以表现为简单的"刺激—反应"(S-R)公式]。但是符号操作在刺激—反应之间，需要一个中介来联结。中介联结是一个二级刺激，被卷入操作中来执行某种特定功能；它在刺激与反应之间创造了一个新的联结。"卷入"(drawn into)说明个体必须积极参与建立联结。符号还具有反作用(对于个体，而不是环境)这一重要特征。

于是，简单的刺激—反应过程被复杂的、中介的行为所代替，如【40】图 3-1 所示。

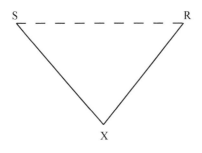

图 3-1

在这个新过程中，对于反应的直接冲动被抑制，辅助刺激以间接方式促进操作的完成。

研究表明，即使是比上述更加精密复杂的形式，这种组织类型也是所有高级心理过程的基础。在这个公式中，中介联结并不单纯的是一个改善之前已有操作的方法，也不仅仅是刺激—反应链中的一个附加的联结。因为这个辅助的刺激具有反作用的特殊功能，它将心理操作转向更高级别的、本质上全新的形式，允许人类在外部刺激的帮助下，从外部控制他们的行为。符号的使用导致了人类行为的特定结构脱离了生物性发展，并且创造了一个基于文化的心理过程的新形式。

儿童早期符号操作

接下来的实验，由列昂捷夫（A. N. Leontiev）在我们的实验室内实施，明确展现了符号在有意注意（voluntary attention）和记忆中扮演的角色。[3]

实验要求儿童玩一个游戏，在这个游戏中，他们会被问到一系列问题，在他们的回答中不能使用某些单词。作为一项规则，每个儿童接受3～4个任务，这些任务的条件和辅助刺激都有所不同。在每个任务中儿童会被问到 18 个问题，7 个与颜色有关（如"……的颜色是什么"）。要求儿童只能使用一个单词迅速作答。最初的任务完全按照这个方式进行。在第二个任务中，我们开始引入附加的规则，要求儿童遵循，以便获得成功。例如，禁止儿童使用两种颜色的名称，每一种颜色名称不能使用两次。第三个任务和第二个有相同的规则，但是向儿童提供了 9 种颜色卡片帮助他们玩这个游戏（"这些卡片能帮助你们获胜"）。第四个任务与第三个相似，只能在儿童使用颜色卡片失败或者快完成第三个任务时使用。在每个任务开始和结束时，我们问儿童一些问题，以确定他是否记住和理解了指导语。

一个标准任务中的问题如下（在这个案例中，绿色和黄色是禁止使用的颜色）：①你有玩伴吗？②你的上衣是什么颜色的？③你坐过火车吗？④火车车厢是什么颜色的？⑤你想变成大人吗？⑥你去过电影院吗？⑦你喜欢在这个房间里玩吗？⑧地板是什么颜色的？⑨墙壁呢？⑩你会写字吗？⑪你见过丁香花吗？⑫丁香花是什么颜色的？⑬你喜欢甜食吗？⑭你在农村待过吗？⑮树叶是什么颜色的？⑯你会游泳吗？⑰你最喜欢什么颜色？⑱你会用铅笔做什么？

在第三和第四个任务中，会提供以下的颜色卡片作为帮助：黑色、白色、红色、蓝色、绿色、紫色、褐色和灰色。

30 名被试的年龄从 5 岁到 27 岁，实验结果如表 3-1 所示。表 3-1 包含了任务二和任务三中的错误数的平均值，以及两个任务的差异值。从任务二的数据可以看出，从 5 岁到 13 岁，错误数只有小幅度的降低，到了成年则有急剧的下降。任务三中，最急剧的下降出现在从 5～6 岁到 8～9 岁的年龄组之间。任务二和任务三的差异值在学前儿童和成人这两组都很小。学龄儿童组差异最大。

表 3-1　禁止使用颜色任务中的错误值

年龄（岁）	被试人数	错误值（平均数）		差异值
		任务二	任务三	
5～6	7	3.9	3.6	0.3
8～9	7	3.3	1.5	1.8
10～13	8	3.1	0.3	2.3
22～27	8	1.4	0.6	0.8

【42】　　　学龄前儿童(5～6岁)通常不能使用辅助的颜色卡片，甚至当我们试着向他们解释如何使用颜色卡片来帮助他们时，这个年龄的儿童仍不能使用这些外在的刺激组织他们的行为。

以下的记录来自一个5岁的男孩。

任务四　禁止的颜色：蓝色和红色(有卡片)

②房子是什么颜色的？	红色。(没有看到禁止的颜色)
③太阳是阳光明媚的吗？	是。
④天空是什么颜色的？	白色。(没有看卡片，但是回答之后，寻找白色卡片)在这里！(捡起来并拿在手上)
⑧西红柿是什么颜色的？	红色。(朝卡片看了一眼)
⑨练习本是什么颜色的？	白色——像这个样子！(指着白色卡片)
⑫球是什么颜色的？	白色。(看着卡片)
⑬你喜欢在这个镇生活吗？	不喜欢。
……	……
你认为你赢了没有呢？	不知道——是的，我赢了。
如果你想赢，必须不做什么？	不能说红色或蓝色。
还有其他的吗？	不能说相同的词两次。

这个记录体现出"辅助物"实际上阻碍了儿童。当他的注意力集中在白色卡片上，他重复使用了"白色"作为回答。对于他来说，辅助物

只是环境中的偶然因素。当然，毫无疑问，学龄前儿童有时会展现使用外部符号的前兆。从这一点可以看到，特定的情况具有特殊的意义。例如，我们建议儿童使用卡片去完成任务（"拿着卡片吧，它们能帮你们赢"），他将被禁颜色卡片拿出来，并将它们拿到视线之外，以防止自己点到被禁颜色的名字。

　　尽管有不同的表现，使用卡片的方法可以归纳成两种：第一种，儿童将被禁颜色放到视野以外，展示剩余的卡片，当他回答问题时，把已命名的卡片放在一边。这是比较无效的，但是最早使用的方法。【43】在这种情况下卡片仅仅被用来标记颜色的名字。最开始，儿童在回答关于颜色问题之前经常不看卡片，只有在答案中需要用到卡片颜色名称时，才会将这种卡片翻转过来，拿出来，或者将使用过的拿开。这无疑是利用外在手段记忆的最简单行为。只是到了后来，该实验情境赋予了卡片第二个功能。在命名一个颜色之前，儿童在卡片帮助下进行选择，儿童是否在看暂时没用到的卡片和是否关注他已经命名的颜色，二者之间没有区别。在每种情况下，卡片插入过程都是作为管理活动的手段。首先，将被禁颜色隐藏起来，是第一种卡片使用方法的一个明显特征，不会导致一个不太成熟的操作被一个更加复杂的操作完全替代，它仅仅是迈向那个方向的一个步骤。它的出现，部分可解释为掌控记忆中更加简单的操作，部分则归因为儿童经常表现出的面对解决问题的各种潜在辅助工具时那种"不可思议"的态度。

　　下面的例子来自对一个 13 岁学龄女孩的记录。

【44】   **任务二   禁止的颜色：绿色和黄色(没有卡片)**

①你有玩伴吗？	是的。
②你上衣是什么颜色的？	灰色。
③你坐过火车吗？	是的。
④火车车厢是什么颜色的？	灰色。(注意到她重复了两次同样的颜色，笑)
⑤你想变成大人吗？	是的。
⑥你去过电影院吗？	是的。
⑦你喜欢在这个房间里玩吗？	是的。
⑧地板是什么颜色的？	灰色。(犹豫)再次——我又重复了。
⑨墙壁呢？	白色。
⑩你会写字吗？	是的。
⑪你见过丁香花吗？	是的。
⑫丁香花是什么颜色的？	紫色。
⑬你喜欢甜食吗？	是的。
⑭你在农村待过吗？	是的。
⑮树叶是什么颜色的？	绿色——不，不能说绿色。褐色、红色，有时候。
⑯你会游泳吗？	是的。
⑰你最喜欢什么颜色？	黄色！我不能！(将手放在脑后举起)

⑱你会用使用铅笔做什么？　　写字。

你认为你是赢了还是输了？　输了。

你不能说什么？　　　　　绿色和黄色。

其他的呢？　　　　　　　不能重复。

任务三　禁止的颜色：蓝色和红色(有卡片)

被试将被禁颜色放在一边，将剩下的卡片摊开成一排，摆在他面前。

①你喜欢在街上散步吗？　　是的。

②房屋是什么颜色的？　　　灰色。(回答完之后，看着卡片，并将灰色的卡片翻过来)

③太阳是阳光明媚的吗？　　明亮的。

④天空是什么颜色的？　　　白色。(先看着卡片然后将其翻过来)

⑤你喜欢糖果吗？　　　　　是的。

⑥你见过玫瑰吗？　　　　　见过。

⑦你喜欢蔬菜吗？　　　　　是的。

⑧西红柿是什么颜色的？　　绿色。(将卡片翻过来)

⑨练习本呢？　　　　　　　黄色。(将卡片翻过来)

⑩你有玩具吗？　　　　　　没有。

⑪你玩球吗？　　　　　　　是的。

⑫球是什么颜色的？　　　　灰色。(没有看着卡片，回答完之后，看了一眼发现了错误)

⑬你在这个镇上生活吗？　　是的。

⑭你见过游行吗？	是的。
⑮旗子是什么颜色的？	黑色。（先看，然后将卡片翻过来）
⑯你有书吗？	是的。
⑰它们的封面是什么颜色的？	紫色。（将卡片翻过来）
⑱什么时候天会变黑？	在晚上。

【45】 　　这些记录和表 3-1 表明了间接记忆发展的三个基本阶段。在第一个阶段，学龄前儿童不能通过组织特定的刺激来掌控他的行为。任务中辅助儿童的带颜色的卡片并没有增加任何操作的有效性。虽然它们也起着刺激的作用，但不具有工具性功能。第二个发展阶段的特点在于两个主要任务的指数有明显差异。卡片作为一个辅助的、外部的刺激系统，提升了儿童活动的有效性。在这个阶段，外部符号占主导地位。辅导性刺激是一个作用于外部的心理工具。在第三个阶段，也就是成人阶段，两个任务成绩的差异减少了，两个系数变得基本相等，但现在处于一个新的、更高的基础上。这并不意味着成人的行为再次变得直接且自然。在这一发展的高级阶段，行为保持着中介性。但现在我们看见在第三个阶段，辅助性刺激从初级的外部形式解放出来。"内化"发生了；学龄儿童所需要的外部符号已经被成人转化成为内部符号作为记忆的工具。这些应用于不同年龄阶段人类的一系列任务，表明了中介行为的外部形式是如何发展的。

符号操作的自然史

虽然心理操作的间接(中介)性是高级心理过程的主要特征，但正如我提到过的关于言语的起源，相信间接操作是单纯的逻辑结果，这是错误的。它们不是由儿童以突然的洞察和灵光一现的猜测(即所谓的"啊哈"反应)的形式发明或发现的。儿童不会突然地推论符号和正在使用的工具之间的关系。他也不会直觉地发展出一个来自"儿童自身心理深处"的抽象态度。形而上学的观点认为，内在的心理图式存在于任何经验之前，这种观点不可避免地导致高级心理功能先验概念的出现。

研究带给我们完全不同的结论。我们曾发现符号操作作为复杂且漫长过程的结果，服从于所有心理演化的基本规律。这就意味着儿童符号使用的活动，既不是被成人简单发明出来的，也不是由成人传递【46】下来的。它产生于一些原本不是符号操作的事物，经过一系列质的转换而生成。每一个转换为下一个阶段提供条件，它本身也被前一个转换所制约。于是，转换就像单一的过程阶段那样被联结在一起，而且在本质上是历史的。在这一方面，高级心理功能毫无例外地遵循应用于初级过程的一般规律；它们也受制于发展的根本规则，出现于儿童心理发展的一般过程中，是辩证发展的结果，而不是由外部或内部导入的结果。

如果我们将高级心理功能的历史作为心理发展的一个因素，就必须回到发展本身的新概念。在发展的一般过程之中，存在两条本质不同的发展路线，这种不同是根源性的：一个是基本过程，是生物起源；

另一个是高级心理功能，是社会文化起源。儿童行为的历史产生于这两条线的交织。如果不研究其史前史、生物基础以及他们的有机体特征，高级心理功能的发展历史就无从谈起。这两种行为的基本文化形式的发展根源是：工具的使用和人类言语，它们产生于婴儿期。这将婴儿期放置于文化发展史前阶段的中心地位。

复杂的符号操作有可能存在于个体发展的最初阶段。然而，观察表明，在最初阶段(初级行为)和高级阶段(行为的中介形式)之间，出现了许多心理过渡系统。在行为发展历史中，这些过渡系统位于生物给予和文化获得之间。我们把这个过程称为符号的自然史。

另一个实验范式设计用于研究间接记忆，提供了观察符号的自然史的一个机会。莫罗佐娃(N. G. Morozova)向儿童展示一些要记忆的词语，以及可用于中介的辅助图片。[4]她发现，学龄前儿童没有想到去有目的地使用辅助图片作为记忆的工具。即使儿童确实转向辅助图片，但对他来说执行反向的操作并不容易。在这个阶段，当出示了辅助刺激后，学习者通常不会回忆起最初的刺激。相反，这个符号会激发一个新的关联或合成的系列，如图 3-2 所示。

【47】

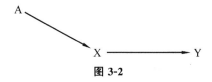

图 3-2

该操作还没有发展到更高级的、以文化为中介形式的水平。和图 3-2 相比，间接记忆的通常模式如图 3-3 所示。

如图 3-2 所示，Y 有可能导致一个新的关联系列，其中被试可能

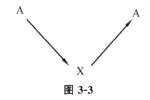

图 3-3

回到起点 *A*。然而，这种序列缺乏目的性和工具性。在图 3-3 中，字词的辅助符号 *X*，具有反作用的性质，使得被试能够确定地回到 *A*。

以下我们通过一个例子来说明从图 3-2 到图 3-3 的步骤。我的学生赞科夫(L. V. Zankov)的研究表明，幼儿，尤其是 4 岁到 6 岁的幼儿，在"提醒物"的符号和要求记忆的字词之间必须依赖于有意义的、现成(ready-made)的联结。[5]如果提供没有意义的图形作为记忆辅助工具，儿童通常拒绝使用它们。4~6 岁的幼儿不会试着在图片线索和要记忆的字词之间建立联系，甚至他们会尝试把这些图形变成要记忆的字词的直接复本。

比如，图形⟋▁\作为"桶"(bucket)的提醒物被呈现，孩子将图反过来，只有当图形\▁⟋真的和桶相像才能提醒他们这个词。同样地，只有当图形⌣▁⏋反过来时才能成为单词"长椅"(bench)的符号。在所有这些情况下，儿童通过改变符号的意义而不是使用实验者提供的中介联结将图形与字词刺激联结在一起。这些无意义图形的导入，鼓励了儿童参与积极的记忆活动，而不是依赖已有的联结，但它也导致儿童将符号刺激作为需要记忆对象的直接表征。当这被证明不可能时，儿童会选择拒绝记忆。 【48】

在尤尔维奇(U. C. Yueervich)的一份未发表的儿童研究中也出现了类似的现象。作为辅助性刺激的图片，如果与呈现的字词没有直接联系，就很少被当作符号使用。儿童看着图片，尝试着找到必须记忆的东西。例如，研究要求儿童记忆"太阳"这个词，并给出了一个画有斧头的图片来帮助记忆，一个儿童很容易就做到了；她指着画中的一个小黄点说："在这里，太阳。"这个儿童通过寻找刺激的直接表征(与鲜明表象类似)，来替代潜在的复杂的工具记忆。儿童在辅助符号中寻找到了一个鲜明类似的表征。在赞科夫和尤尔维奇的例子中，儿童复制所需的词是通过一个直接表征过程，而不是中介符号。

描述这个发展阶段符号操作的规则，与描述儿童在充分发展符号操作阶段如何将一个词与一个符号连接起来的规则，是完全不同的。上述实验中的儿童处于初级阶段和后来充分发展出中介操作的工具阶段之间。

列昂捷夫关于记忆的符号操作发展的工作，提供了支持上述案例以及记忆的符号操作后期发展阶段的理论支点。[6] 他提供了一组 20 个单词让儿童去回忆，这些儿童年龄不同，心理能力的水平也不同。材料用三种方式呈现：第一种，每隔 3 秒读一次单词，然后要求儿童回忆它们。第二种方式，给儿童呈现 20 张图片，并要求他们使用这些图片来帮助自己回忆单词。图片不是单词的复制，但是和单词有关联。第三种方式，呈现的 20 张图片与要求再认的单词之间没有明显的关联。这个研究探讨的基本问题是：通过使用图片作为辅助记忆工具，儿童在多大程度上能将他们的记忆转换成一个中介活动，以及他们的成功如何建立在两种不同难度的中介图片上。

　　正如我们所预期的，不同的儿童组以及记忆任务难度，结果也不同。正常儿童(10～12 岁)在图片帮助下回忆的单词个数，是没有图片【49】帮助下回忆个数的两倍；他们能将两组图片都利用得很好。同年龄轻度发育迟缓的儿童则从辅助图片的受益不大；对于严重发育迟缓儿童，辅助刺激实际上会干扰他们的成绩。

　　这个研究的原始记录，清楚地展现了儿童使用辅助图片刺激的功能水平，儿童即使将它与回忆的单词联结起来，也不能将这些刺激整合到他的记忆系统中。一个儿童选择了一张画有洋葱的图片来帮助自己回忆"晚餐"这个单词，当问到她为什么会选择这张图片时，她给出了一个满意的答案，"因为我吃洋葱"。然而，她在实验中却不能回忆"晚餐"这个单词。这个例子表明形成初级联结的能力，并不能有效地保证联结关系能执行产生回忆的工具性功能。这些证据引导我们推断：中介心理功能(在这个案例中指间接记忆)的发展，展现了一条独特的发展路线，这一路线与初级过程的发展并非完全吻合。

　　我同样要提到的是，图片作为记忆辅助物没有促进成人回忆。"失败"的原因与严重发育迟缓的儿童不能使用记忆辅助物的原因完全相反。对于成人来说，间接记忆的程序已经发展完善了，因此即使在特定外部辅助刺激缺失的情况下也能发生。

记忆与思维

　　记忆活动不仅仅伴随着儿童成长而改变，这些活动在心理功能系统中扮演的角色也在改变。发生在心理操作背景下的非中介记忆，与那些伴随中介记忆的心理操作毫无共同之处。因此，实验结果看起来像是某些心理功能被其他心理功能取代了。换句话说，随着发展水平的改变，单一功能(如记忆)结构的改变与那些帮助记忆发生的功能特征并不相同；后者的改变是一种交互作用的关系，将记忆与其他功能联结在一起。

【50】　　稍大一点儿儿童的记忆与幼儿的记忆是不同的，并且记忆在年龄稍大儿童的认知活动中也扮演了不同的角色。早期儿童阶段的记忆是建立其他功能的核心心理功能的一种。我们的分析表明幼儿的思维在很多方面由他的记忆决定，与更成熟儿童的思维是不一样的。对于幼小的孩子来说，思考就意味着记忆；在儿童发展的最早期阶段，我们可以看到这两种心理功能的紧密联系。

　　我会给出三个例子。第一个，儿童对概念的定义建立在他们的回忆之上。如果你问他蜗牛是什么，他会说："它很小，它在地上爬行，伸出两只角。"如果要求他告诉你奶奶是什么，他可能会回答"她有一个柔软的裙兜"。在上述的例子中，儿童给出了他能够回忆的、非常清晰的印象的总结。在定义概念时，儿童思维活动的内容并不全部由这个概念本身的逻辑结构决定，而是由儿童的具体回忆决定的。这是一种融合，反映了一个事实：儿童的思维首先建立在他的记忆之上。

　　第二个例子是幼儿视觉概念的发展。要求儿童变换一组刺激与另一组相似刺激的关系，对其思维过程的研究表明，这种转换无非是记忆相关的独立个体。儿童对世界的一般表征建立在对具体事物的回忆上，而不是抽象的特征上。[7]

最后一个例子关于字词意义的分析。研究表明词汇之间的联结在成人与幼儿之间有着本质的区别。儿童的概念与一系列例子有关，建构的方式与我们表征族类的名称类似。对他们来说，命名与其说是赋予相似的族群类似的概念，还不如说是用视觉纽带将那些可见的事情联结成群组。通过这个方法，儿童的经验和儿童经验的"非中介"（直接）影响在记忆中记录了下来，这直接决定了幼儿思维的整体结构。

所有这些事实表明，从心理发展的角度来看，记忆而非抽象思维是认知发展的早期阶段的最终特点。然而在发展过程中，特别是青少年时期，就会发生转变。关于这一年龄阶段的记忆研究表明，在儿童后期，与记忆有关的交互作用改变了它们的方向。对于幼儿来说，思考就意味着回忆；但是对于青少年而言，回忆就意味着思考。他们的记忆被"逻辑化"了，也就是记忆还原为建立和寻找逻辑关系；识别就是发现任务中所代表的元素。 【51】

这种逻辑化代表了发展过程中认知功能的关系是如何变化的。在过渡年龄，所有的观念和概念，所有的心理结构，都不再根据族类来组织，而是作为抽象概念来组织。

毫无疑问，在记忆一个条目时，在概念中思考与在复杂关系中思考是完全不同的，虽然这些过程可以并存。[8]对儿童记忆发展的研究不仅要研究记忆本身的变化，还要关注记忆和其他功能之间的关系。

当一个人在手帕上打一个结作为提醒物时，她实际上是通过强加一个外部对象来提醒自己从而建构了记忆过程；她将记忆转换成外部活动。这个事实足以证明高级活动模式的基本特征。在初级模式中，事物是被记住的；在高级模式中，人类主动去记忆事物。在第一个例子中，临时联结的形成是由于两个同时发生的刺激影响到了有机体；在第二个例子中，人类人为地将刺激结合在一起而创建了临时联结。

人类记忆的本质在于人类能主动地利用符号来帮助记忆。人类行为的基本特征是个体影响他们与环境之间的关系，并且通过环境改变自身行为，将环境纳入自己的掌控之下。我们可以注意到人类文明的本质在于有意地建造古迹，以至于不会被忘记，无论一个结还是古迹，都是将人类记忆与动物区别开来的最基本的特征。

注　释

[1] *E. R. Jaensch*, Eidetic Imagery (*New York*: *Harcourt*, *Brace*, 1930).

[2] 维果茨基在这里提到了秘鲁印第安人运用绳子打结作为记忆装置的技术，但未给出更多的参考文献，不过从泰勒(*E. B. Taylor*)和列维-布留尔(*Levy-Bruhl*)的手稿中可以看到这些例子。

[3] 这些观察结果引自：*A. N. Leontiev*, "*Studies on the Cultural Development of the Child*," Journal of Genetic Psychology, 40 (1932): 52—83.

[4] 对本技术更详细的描述可参见：*A. R. Luria*, "*The Development of Mental Functions in Twins*," Character and Personality, 5(1937): 35—47。

[5] *L. V. Zankov*, Memory (*Moscow*: *Uchpedgiz*., 1949).

[6] *A. N. Leontiev*, "*The Development of Mediated Memory*," Problemi Defektologiga, *no.* 4(1928).

［7］ *H. Werner*，Comparative Psychology of Mental Development（*New York：Science Editions*，1961），*pp. 216ff.*

［8］维果茨基《思维与语言》第 6 章，对于这一差异有更充分的讨论。

/ 4. 高级心理功能的内化/

【52】　　在对比调控无条件反射(unconditioned reflexes)和条件反射(condi-
tioned reflexes)的原则时，巴甫洛夫使用了电话呼叫的例子。一种是通
过一条特定的线路呼叫直接联系的两个点，这对应无条件反射。另一
种是借助临时的、无限的变量联结，通过特定的中央站来进行传输，
这对应条件反射。大脑皮层作为闭合条件反射回路的器官，扮演着中
央站的作用。

　　符号产生(符号化)过程中的基础信息可以以相同隐喻的更加概括
性的形式进行表达。例如，将打一个绳结作为提醒物或将抽签作为一
种决策方法。毫无疑问，在这两个例子中，形成了一种临时的条件联
结，这就是巴甫洛夫描述的第二种类型的联结。但是，如果我们希望
抓住本质，即在这一过程中到底发生了什么，我们要考虑的不仅是电
话机制的功能，还要考虑参与其中联结了线路的接线员。在这个例子
中，这种联结由打绳结者建立。这一特征成为行为的高级形式和低级
形式的主要区别。

　　发明和使用符号作为解决心理问题(记忆、比较、报告、选择等)

的辅助手段，就如同发明和使用某些心理工具。作为心理活动工具的符号类似于劳动中工具所起的作用，但是，这种类比并不意味着这些类似概念是相同的。我们不应期望在那些称为符号的适应手段中发现 【53】许多与工具的共同性。更多地，在共同性之外，我们发现两者有许多本质上的不同。

在这里我们想尽可能精确地进行研究。为支撑某些术语的比喻含义，在涉及某一对象的非直接功能时，一些心理学家使用"工具"一词作为完成某些活动的手段。诸如"舌头是思想的工具"或者"助手就像备忘录"这样的表达通常失去了清晰的内涵，很难表达出其真实的含义：简单的隐喻和丰富多彩的表达方式呈现出以下事实，即某些对象或操作在心理活动中扮演了辅助角色。

另一方面，许多人尝试用字面含义来研究，将符号等同于工具。这种路径消除了两者之间的本质区别，忽略了每种心理活动的具体特征，留给我们的是一种普遍的决定性的心理形式。这种观点被实用主义的代表杜威(Dewey)采纳，他将舌头定义为工具的工具，将亚里士多德的人类之手的定义，转换到言语。

我希望清晰地表达：我提出的符号和工具之间的类比不同于上述讨论的任何一种取向。对于"工具"一词比喻性的阐释是不确定的、模糊的，并没有简化研究者的任务。研究者的任务是揭示真实的关系，而不是行为和它的辅助手段之间比喻性的关系。我们应该将思维或记忆构想为一种对于外部活动的类比吗？"活动的手段"只是简单起到模糊的作用来支持依赖于它们的心理过程吗？这种支持的本质是什么？

它作为思维或记忆的"一种手段"通常意味着什么？心理学家如此喜欢使用这些模糊的表达，却并没有为我们提供关于这些问题的答案。

那些从字面上理解这些表达的心理学家的观点就更模糊了。有些概念具有心理学的维度但是实际上不属于心理学，譬如"技术"(technique)没有任何理由地被心理学化了。如果能够忽略每种活动形式的本质及其历史角色与自然的差异，将心理现象和非心理现象等同起来是可能的。工具是征服自然的劳动手段，语言是社会交往的手段，从【54】人造物和人工适应的一般概念上来说，工具和语言的区别并不明显。

我们尝试着去理解符号的行为作用的独特性。这一目标激励着我们开展实证研究，探讨工具和符号使用如何相互联结在一起，又如何在儿童的文化发展中分离。我们设立了三个方向作为这一研究工作的起点。首先是这两类活动的相似和相同点，其次是澄清它们的本质差异，最后是尝试证明存在于两者之间的真实心理关联，或者至少提示它的存在。

就像我们之前强调的，符号和工具的类似之处在于它们各自具有的中介功能。从心理学视角来看，它们也许包含在同样的范畴之下。工具使用和符号使用的逻辑关系如图 4-1 所示，可以看出这两个概念都被包含在中介活动这一更普遍的概念当中。

这个概念被黑格尔赋予了广泛的普遍含义，他在其中发现了人类理性的特征，他写道："理性何等强大，就何等狡猾。理性的狡猾总是在于它的中介活动，这个中介活动让对象按照它们本身的性质互相影响，互相作用，它自己并不直接参与这个过程，而只是实现自己的意

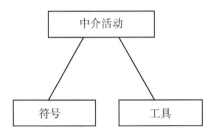

图 4-1　工具使用和符号使用的逻辑关系

图。"[1]马克思在谈及劳动工具时引用了这个定义，表明人类"利用物的机械的、物理的、化学的属性，以便把这些物当作发挥力量的手段，依照自己的意图作用于其他的物"[2]。

这种分析为将符号使用纳入中介活动范畴提供了坚实的基础，因为符号使用的本质在于人类通过符号影响行为，在上述两个例子中都体现了非直接(中介)功能。我不会对这些相互联系的子概念之间的关系，或者它们与中介活动这一更普遍概念之间的关系作进一步的定义。我只是指出，在任何情况下，既不能认为它们表现的功能是同构的，也不能认为它们完全详尽地代表了中介活动的概念；还可以命名大量的其他中介活动，认知活动并不仅限于工具和符号的使用。【55】

从这两个概念之间关系的纯逻辑角度来看，我们的图式代表了区分中介活动的两种线路的适应手段，这一差异是我们讨论第二点的基础。符号和工具之间最本质的不同、这两条线路之间真实的分歧在于它们引导人类行为的方向不同。工具是作为人类对活动对象产生影响的指挥者，它是外部导向的，一定导致对象的改变，它是人类通过外部活动用以掌控和征服自然的手段。相反，符号没有改变心理操作的对象，它是指向自我控制的一种内部活动，是内部导向的。这些活动彼此之间是如此不同，在两个例子中它们使用方法的本质也不一样。

最后，第三点是关于这些活动之间的真实联结，它们在系统发生（phylo-genesis）和个体发生（onto-genesis）中发展真实的联结。对于自然的掌控与对于行为的掌控是相互联系的，就像人类对自然的改造也改变了人类自己。在系统发生中我们能通过片断但是令人信服的证据重构这种联结，同样地，在个体发生中我们能通过实验追踪它。

有一件事情是确定的。正如"第一次使用工具"反驳了以下这样一种观点：发展仅仅意味着儿童机体预先决定的活动系统的展开。因而符号的首次使用证明了：并不存在一种单一的、由机体预先决定的、服务于每种心理功能的内部活动系统。人工手段的使用以及向中介活动的转变，从根本上改变了所有的心理操作，正如工具的使用无限拓宽了活动的范围，达成新的心理功能操作。在这一背景下，我们使用了高级心理功能或者高级行为，来指涉心理活动中工具和符号的联合。

至此，我们详细描述了符号操作使用的几个阶段。在最初阶段，依靠外部符号对儿童的努力至关紧要。但是，通过发展，这些操作经【56】历了剧烈的变化：中介活动的全部操作（如记忆）开始作为一种单纯的内部过程发生。自相矛盾的是，儿童行为的后期阶段看起来像记忆的早期阶段一样，以直接过程为基本特点。非常小的孩子宁愿使用"自然的""清晰的"途径而不愿依赖外部手段。仅从外部表现来判断，似乎较大的孩子开始记忆得更多、更好，他对旧的记忆方法进行了完善和发展，在最高水平上似乎放弃了对符号的依赖。然而，这是一种错觉。

发展经常采用一种螺旋而非循环的方式进行，朝向更高水平发展时，都要在每一次新的变革中经历相同之处。

我们将外部操作的内部重建称为内化，可以在"指向"（pointing）这一发展过程中观察到内化的例子。刚开始，"指向"这一手势仅仅是不成功地尝试去抓住一些东西，或者向某个即将发生活动的特定物体移动。孩子尝试去抓住一个在他活动区域之外的物体，他的手向那个物体方向伸出，并在空气中保持了平衡。他的手指完成了抓的动作，最初阶段孩子的移动代表了"指向"，看起来似乎是指向了一个物体，而没有更多的东西。

当母亲开始帮助小孩且意识到了他的动作所指时，情况就彻底改变了，指向变成给他人看的一种手势。孩子不成功的尝试产生的反应不是来自他寻找的对象而是来自另外的人。因此，不成功抓握动作的最初含义是被他人建立起来的。只有到后来，当孩子能将他的不成功抓握动作和客观情境连接成一个整体时，他才开始将动作理解为指向。在这个结合点，动作的功能发生了变化：从目标导向的动作变成指向他人的动作，成为建立关系的一种手段。抓握动作（movement）变成指向行动（act）。作为这种变化的结果，动作本身是身体的简化，最终产生指向的形式，我们称之为真正的手势（gesture）。"指向"只有在它客观地表现出为他人指向的功能，并被其他人认为是这样一种手势时，才成为一个真正的手势。"指向"的含义和功能首先由客观情境创建，然后经由孩子们周围的他人才得以真正形成。

正如上面对指向例子的描述，内化的过程包含了一系列的转化。

【57】 ①最初代表外部活动的操作被重构，内化开始发生。高级心智过程发展的特殊重要性在于符号使用活动的转变，实践智力、有意注意和记忆的发展表明了其历史和特征。

②人际之间过程转变为个人内部过程。儿童文化发展的每项功能出现两次：首先，在社会水平，之后是个体水平；首先是人与人之间的层面(心理之间的)，之后是儿童内部的层面(心理内部的)。这些同样适用于有意注意、逻辑记忆与概念的形成，所有高级功能起源于人类个体间的真实关系。

③人际之间过程向个人内部过程的转变是一系列发展事件的结果。这种正在被转化的过程在最终内化之前，作为一种外部活动形式持续存在并经历了长时间的变化。对于许多功能来说，外部符号阶段将一直持续下去，那是它们发展的最终阶段。其他的功能进一步发展，并逐渐变成内部功能。然而，它们呈现出内在过程的特性只是作为一种被延长的过程的结果，这种向内转化与主导它们活动的规则变化相联结，合并成为一个新的系统并拥有属于自己的规则。

行为的文化形式的内化包含了基于符号操作的心理活动的重构。在动物中表现的那种心理过程实际上已经不再存在了；它们合并成了行为系统，通过文化重构和发展而形成一个新的心理实体。外部符号的使用也发生了根本的重构，符号操作中的发展变化类似于语言的发展变化。外部言语或交际言语如同自我中心言语一样，转向"内部"而成为内部言语的基础。

植根于社会与历史发展活动的内化是人类心理的显著特征，是从

动物心理到人类心理质性飞跃的基础，我们已经知晓了这一过程的大
致轮廓。

注　释

[1]G. Hegel, "*Encyklopadie, Erster Theil. Die Logik*" (*Berlin*, 1840),
p. 382, *cited in K. Marx*, Capital (*Modern Library Edition*, 1936).

[2]*Marx*, Capital, *p.* 199.

/ 5. 方法问题/

　　一般来说，解决科学难题的新路径必然会导致研究和分析的新方法的出现。新方法的产生要适用于解决问题的新思路，而不仅仅是对已有方法的简单修正。当代心理学实验在这个方面无一例外，其方法总是能够反映认识与解决基本心理问题的方式。因此，我们对当前涉及心理过程基本属性和发展的观点的批评不可避免地会导致对研究方法的重新审视。

　　尽管在程序细节上存在巨大的分歧，但实际上所有的心理学实验都依赖于我们对刺激—反应框架的定义。基于此，我们的观点是：无论讨论的心理过程是什么，心理学家总是力图给被试呈现一些设计好的刺激情境并以特定的方式影响他，然后心理学家检验和分析该刺激情境下产生的反应。毕竟，实验的本质是在人工（可控的）方式下去诱发研究现象，通过变化多种刺激的联合去研究反应变量。

　　表面上看起来，不同的心理学流派在这种方法论上并不能达成一致。例如，华生、别赫捷列夫等人的客观心理学与冯特和符茨堡学派（the Würzburg school）的主观理论是对立的。但是，对不同心理学派的

差异分析表明那些差异源于理论的解释，心理学家将之归为不同刺激　【59】
环境的结果，而不是观察所采用的方法路径的变化。

　　依赖刺激—反应模式是那些心理学派的一个显著特征，其理论和
实验均以对行为的刺激—反应解释为基础。例如，巴甫洛夫(学说)的
理论运用不同类型的刺激引起脑皮层兴奋这一概念来解释大脑内的联
结是怎样形成的，使得有机体学会对中性刺激做出反应。同样的架构
运用于内省心理学时表现可能不是很明显，因为这一架构和理论看起
来不一致。尽管如此，以冯特为例，我们发现刺激—反应模式提供了
一种脉络，实验—理论家可以获得假设由刺激诱发的过程的描述。

　　刺激—反应模式在 19 世纪 80 年代被内省心理学派所采用，这是
心理学向前发展迈出的革命性一步，因为它引领心理学接近了自然科
学的方法与精神，也为之后的客观心理学路径做好了方法准备。但是，
宣称内省心理学和客观心理学共享共同的方法论模式并不意味着两者
没有重大的区别。我强调它们有共同的方法论模式是因为这有助于我
们认识到内省心理学牢牢地植根于自然科学土壤，心理过程也被放在
一种反应的脉络中得到理解。

　　这种认识很重要，即实验方法首先是由内省心理学家在心理物理
学和心理生理学领域处理最简单的心理现象时提出来的，这些简单的
现象似乎能被解释为与外部事物的直接而独特的联结。例如，冯特将
心理学方法的本质视为引发心理过程变化的刺激的系统改变。他寻找
大量客观的方法记录这些内在过程的外在表现，并认为这是被试的内
省报告。

　　同时，应当注意冯特运用刺激和反应只是建立了一个模式，从而可以采用可靠与可控的方式来研究一些重要事件和心理过程。这些过程的内省报告保留了极为重要的关于它们本质的证据，但这一解释并没有被后来的研究者所共享。

【60】

　　我们对冯特所实践的心理实验的基本模式的阐述，表明了其应用的局限性：这些实验被认为仅仅适合研究心理生理特性的初级过程，高级心理功能不适合以这种方式研究，在实验心理学被涉及之前依然一无所知。如果我们回想本书前面章节关于儿童认知发展的实验类型，就能很容易地明白为什么以前的研究者只关注初级心理功能，这种局限性是实验方法在心理学界被普遍接受时的一个固有特征。冯特明白并接受了这一事实，这就是他避开对高级心理功能进行实验研究的原因。

　　通过前面的陈述，我们知道一个用来建立实验观察的刺激—反应模式不能被当作研究人类特有的高级行为形式的基础，它至多只能帮助我们记录低级的、次要形式的存在，并不能把握高级形式的本质。使用当前的方法，我们只能确定各种复杂刺激的量变以及人类和动物在不同发展阶段各种反应的量变。

　　我的信念是，基于辩证唯物主义方法来分析人类历史，分析在本质上不同于动物的人类行为，以及人类适应性和历史发展。我们必须明白，人的心理发展是人类一般历史发展的组成部分。接受这一观点意味着我们必须为心理实验寻找一种新的方法论。

　　我将在下面章节所做的分析性描述的方法基石直接来源于恩格斯

对于理解人类历史所采用的自然主义方法和辩证主义方法的比较。根据恩格斯的理论，历史分析中的自然主义基于的假设是：只有自然才能影响人类，只有自然条件才能决定人类历史发展。而辩证法在承认自然对人类影响的同时，也认为人类反过来影响了自然，通过人类在自然中的变化创造了人类生存的新的自然条件。[1] 这一立场是我们方法的重点，用来研究和解释人的更高级心理功能，可作为新的实验方法和我们倡导的分析方法的理论基础。 【61】

所有刺激—反应方法都有恩格斯所认为的用自然主义方法进行历史研究的不足，这两者都将人类行为和自然之间的关系看作是单向反应。我和我的合作者相信人类行为可以"转化对自然的反应"，恩格斯将其归因于工具的使用。我们必须寻找适合我们界定概念的方法，对于这些新的方法，我们同样需要一个新的分析框架。

我曾经强调，我们研究的基本目标是对高级行为形式进行分析，但当代心理学的现状是如果要超越具体案例概括我们的方法，就必须对分析自身的问题进行讨论。

高级心理功能的研究路径基于以下三个原则。

其一，分析过程，而不是对象。第一个原则引导我们去区别"对象分析"和"过程分析"。就像考夫卡所做的，心理学分析几乎总是将其分析的过程视为稳定的、固定的对象，分析的任务在于打破这些整体而将其分解为各个部分。与对具体对象的心理学分析相比，对过程的分析需要对构成过程历史的关键点做一个动态的展示。相应地，发展心理学(而非实验心理学)为我们的分析提供了新方法。就像沃纳(Wer-

ner)一样，我们提倡用发展的路径作为实验心理学的重要补充。[2]任何心理过程，不管是思维还是自主行为的发展，这些过程都发生在人们眼前。与某些问题有关的发展能够被限定为只有几秒，或者甚至不到1秒(就像在正常感知的例子中那样)。它也能够(就像复杂心理过程的例子那样)持续几天甚至几星期。在一定的条件下，追踪这种发展成为可能。沃纳的工作提供了发展的观点如何应用于实验研究的案例。使用这样一种方法，研究者能够在实验室条件下激发出发展。

　　我们的方法也许可以称为实验—发展法(experimental-developmental)，人工激发或创造出一个心理发展的过程。这种方法同样适用于动【62】态分析的基本目标。如果我们用过程分析取代对象分析，研究的基本任务就明显变成对过程发展中每个阶段的重构：过程必须回溯到它的初始阶段。

　　其二，解释与描述。在联想和内省心理学中，分析本质上是描述，而不是我们理解的解释。仅仅描述是无法揭示现象背后的实际因果动态关系的。

　　勒温将现象分析[以外部特征(外在表现)为基础]与他称作的基因分析进行了比较，在基因分析中，现象的解释是以其起源而不是以其外在表现为基础。[3]这两种分析的区别可以由任何生物学例子加以阐明。一条鲸鱼，从它的外部特征来看，更接近鱼类而不是哺乳动物。但是从它的生物学属性来看，鲸鱼更接近牛或者鹿而不是梭子鱼或鲨鱼。根据勒温的理论，我们可以以将表现法(描述性的)与基因法(解释性的)之间的区别应用于心理学。对一个问题的发展性研究，就意味着尝试去揭示它的发生及其因果动态基础。表现法的分析则是直接分析一个对象的当前特征和表现。由于这些观点的混淆，导致了一系列的严重错误，心理学研究中有许多这样的例子。在对言语发展的研究中，我们强调区分表现相似和基因相似的重要性。

从外部的、描述性的视角来看，1.5～2岁儿童言语的最初表现类似于成年人的言语。基于这种相似性，斯特恩(Stern)等研究者得出结论：在本质上，18个月大的孩子已经意识到了符号和意义之间的关系。[4]换句话说，他从发展的角度对那些绝对没有共同点的现象进行了分类。在另一方面，自我中心言语虽然在外部表现上与内部言语有本质的不同，但从发展的角度必须与内部言语归为一类。

对幼小儿童言语的研究使我们理解了勒温阐明的基本原则：两个表现相同或类似的过程在因果动态方面可能存在根本的不同，两个在因果动态方面非常接近的过程可能是完全不同的表现形态。

我之前说过表现法根据外在相似性来对过程加以分类。马克思曾 **【63】** 以一种最概括的形式评论，"如果事物的表现形式和事物的本质直接合二为一，一切科学就都成为多余的了"，多么理性的观察。[5]如果任一事物的外表与其基因是相同的(即如果其建构与操作的真正原理能被其外在表现所表达)，日常经验完全可以取代科学分析。我们所见的每一事物都将成为科学知识的主题。

实际上，心理学在每一个阶段都告诉我们，虽然两种类型的活动在起源上或本质上具有同样的外在表现，但它们的属性可能完全不同。在这些案例中，为了揭示外在相似性隐藏的内在不同，必须要进行特定的科学分析，以揭示这些关系。在此意义上，真正的科学分析与在本质上无法超越单纯描述的、主观的、内省的分析截然不同。我们提倡的这类客观分析寻求揭示心理现象的本质而不是其感知特征。

例如，我们对内省分析呈现给我们的灵光一现的即时经验描述并不感兴趣，我们寻求理解外部刺激和内部反应之间的真实联系，这些内部反应存在于由内省描述命名的高级行为形式之中。因此，我们所说的心理分析拒绝名义上的描述，而是寻求确定性的因果—动态关系。然而，如果我们忽略事物的外部表现的话，这种解释也是不可能的。很有必要的是，研究对象分析应包含对外部表现和过程的科学解释，这种分析不局限于发展的视角。我们并非否认当前的表现特性的解释，而只是将其排在对实际起源的发现之后。

其三，"石化行为"（fossilized behavior）的问题。我们分析路径的第三个原则基于这样一个事实，即在心理学中我们经常碰到已经消逝的过程，也就是那些过程经历了一个非常长的历史发展阶段，变得石化了。这些行为的石化形式最容易在所谓的自动化或机械化心理过程中发现，由于它们古老的起源，现在已重复百万次，变得机械化。它们失去了起初的样子，现在的外部表现无法告诉我们其内在本质的任何信息。这些自动化特征导致了心理分析的巨大困难。

【64】

传统上的有意注意和无意注意过程提供了一个基本案例，显示了本质上不同的过程怎样通过自动化获得外部的相似性。从发展的角度来讲，这两个过程非常不同。但是，在实验心理学有一个事实，就像铁钦纳（Titchener）阐述的那样，有意注意一旦建立，功能上就如同无意注意一样。[6]用铁钦纳的话说，"次级注意"不断变化为"首要注意"。在描述和对比这两种形式的注意之后，铁钦纳接着说："然而还存在注意发展的第三阶段，实际上是对第一阶段的回归。"任何过程发展的最后和最高级阶段或许都展现出与第一阶段单纯的表现相似性。如果我们采用了表现研究路径，就不可能区分这一过程的高级形式和低级形式。研究注意发展的第三和最高级阶段的唯一方法是理解它的所有特性和差异性。简而言之，我们需要明白它的起源。我们需要关注的不是发展的结果而是发展的过程，高级形式是在这一过程中建立的。为此，要求研究者改变高级行为形式自动的、机械的、石化的特性，通过实验使得它回到本原，这就是动态分析的目标。

不活跃的、退化的功能并不代表生物进化现存的残留，而是其行为的历史发展的残留。因此，心理学实验中对退化功能的研究必须要告别传统观点，逐步形成一个历史的视角。过去和现在融合在一起，现在可以从历史中窥见。在这里我们发现自己同时处于两个平面：现在和过去。如果说有一根绳索将现在和过去、发展的高级阶段和初级阶段联结在了一起，那么石化的形式就是这根绳索的末端。

基于历史的心理学概念被许多研究儿童发展的研究者所误解，对他们来说，从历史角度去研究一些事情，根据定义，就是研究过去的事情。因此，他们天真地设想在历史研究和当前行为形式研究之间存在一个不能克服的障碍。从历史角度研究一些事情意味着在变化的过 【65】程中去研究它，这是辩证法的基本要求。研究某一既定事物发展过程中的所有阶段和变化，从出生到死亡，本质上就意味着发现它的自然属性与本质，因为"物质的属性只有在运动中才能显示出来"。因此，对行为的历史研究不是理论研究的辅助方面，而是构成其根本的基础，正如布隆斯基(*P. P. Blonsky*)所宣称的："行为只有作为行为的历史才能被理解。"[7]

对于方法的寻求成为阐释独特的人类心理活动形式的整个计划中最重要的问题之一。这样，方法既是必要条件也是必然产物，既是研究工具也是研究结果。

总之，心理分析的目标和它的基本要素包括：①过程分析而不是对象分析；②揭示真实的、因果的或动态的关系的分析，而不是过程的外部特征的列举；这是解释性的而非描述性的分析；③发展性分析，回归到起源，重构既定发展结构的所有方面。发展的结果既不是描述心理学所认为的纯粹的心理结构，也不是联想心理学所认为的初级心理过程的简单总和，而是在发展过程中出现的、一种本质上全新的形式。

复杂选择反应的心理学

为了阐明心理分析的对比方法，我将从细节上讨论对于一个任务的两种不同分析。在我选择的任务中，给被试呈现一个或多个刺激(按规则是视觉方面或听觉方面)，根据刺激的数量和研究者的兴趣要求被试给予不同的反应：某些方法将反应分解为一系列基本的过程，寻找这些过程联合的规律，时间间隔可以延长或缩短。其他方法则描述被试对刺激做出反应时的情绪反应。在每种情况下，对被试反应的内省分析都被作为基础资料。在这些实验中，先前构想的不充分性为我们的基本分析原则提供了有用的例证。[8]

这些分析的一个特点是可以根据刺激数量的复杂度区分简单反应与复杂反应。当呈现一个简单刺激时出现的是简单反应，随着刺激数量的增加复杂反应开始增多。这种思路的一个基本假设是任务的复杂度等同于被试内部反应的复杂度。【66】

这种等同性常常在用于对此类任务反应进行分析的代数公式中得到清晰表达。如果呈现一个简单刺激，我们可以写出一个方程式，其中复杂的反应等价于一个简单的反应(感官认识)：$Rt = Rs$，这里 Rt 是总的复杂反应的反应时，Rs 是一个简单识别反应的反应时。如果我们呈现两个或多个刺激，被试必须从中选择一个，这个方程变为：$Rt = Rs + D$，这里的 D 是用来区分目标刺激和其他刺激的时间。我们可以使用这两个方程式确定简单反应与辨别反应需要的时间。如果我们使任务复杂一点儿，要求被试对不同的刺激做出不同的反应(如按左键—刺激 A，右键—刺激 B)，我们获得了如下的分类选择反应方程式：$Rt = Rs + D + C$，这里的 C 是要求选择正确移动的时间，如按压对应所呈现刺激的键。

支撑这些公式的理论的口头描述可以表示为：辨别反应是一个简单反应加辨别；选择反应是一个简单反应加辨别和选择。更高级、更复杂的反应被视作基本元素的算术和。

这种分析方法的支持者非常广泛地应用它。例如，卡特尔(Cat-

tell)认为，从理解、翻译、命名一个单词所需要的时间中减去理解与命名所需要的时间，我们就可以纯粹测量翻译过程。[9]简而言之，即使高级的过程，如言语的理解和产生也能通过这些方法进行分析。有关复杂、高级行为形式更为机械的概念将变得难以想象。

尽管如此，这种分析方法也导致了一系列困难。与这种理论相矛盾的最基本的经验观察来自铁钦纳，他指出执行一个精心准备的选择反应所需的时间或许等于一个简单感官反应的反应时。如果从上述给出的方程式的分析逻辑来看，这种情况是不可能的。

我们认为，隐含于上述整个分析线索的基本假设是不正确的。一【67】个复杂反应由一系列可以任意增删的独立过程组成，这种假设并不成立。任何此类反应都反映了依赖于整个学习过程的每一种实践水平的过程。这种机械的分析以存在于刺激之间的关系代替选择过程的真实关系。这类替代反映了心理学中一种常见的理智主义，以构成实验自身的操作来理解心理过程；实验程序成了心理过程的替代品。

许多学者已经证明，将反应机械地分解为单个元素的心理分析存在缺陷，这些批评者面临一个问题，他们对于复杂反应的内省分析必须受限于以下这一现实：对外部反应的描述被对内部感觉的描述所取代。在任何一种情况下，我们都局限于表现法的心理分析。

在内省分析中，经过严格训练的观察者被教导要注意他们自己意识经验的每一个方面，这使得我们无法走得很远。就像阿什（Ach）用这种分析讨论选择反应研究那样，这个工作的奇怪结果是发现在选择反应中没有关于选择的意识或感受。[10]铁钦纳强调，我们必须意识到对复杂反应或简单反应的命名(如"辨别"或"选择")参考的是任务的外部条件。我们在辨别反应中没有进行辨别，在选择反应中没有进行选择。

这类分析打破了实验程序和心理过程之间的等同性。"选择"和"辨别"这些过程被认为是早期心理学的残留物，那时人们并不了解何为实验：为了解决这个问题，内省观察者接受专门训练，学习对过程名称和他们的意识经验进行清晰的区分。

这些内省研究得出了以下结论：需要选择过程的情境却没有提供谈及心理选择反应的理由；在实验过程中，对被试感觉的描述代替了对反应的讨论。但没有人可以提供证据，证明这些感觉是特定反应过程中完整的一部分。看起来这些感觉很可能仅仅是其组成部分，其自身也需要解释。我们由此得出结论，即使对于反应的主观层面，内省经常也不能提供一个精确的描述，更不用说正确的解释。基于同样的理由，我们可以预期：这一研究领域的困扰在于不同观察者在其内省描述中会出现差异。显然，内省分析不能为某一过程提供真实的因果关系或动态解释。因此，我们必须放弃依靠显现出的外表，转向发展的观点。【68】

对复杂反应的研究表明，只有在过程被石化后，心理学才会依赖过程分析。铁钦纳强调这一观点，他评论道，研究者一直关注反应时的研究，但并不关注学习过程或者反应本身的内容。在放弃采用早期阶段(建立反应之初)数据的标准化实践中，同样的结论清晰可见。如果寻找相同性，就永远不可能抓住飞跃中的过程；反而，当一个反应出现时，当建立和调整它的功能联结时，研究者却早已例行公事地放弃了关键时刻。这类实践导致我们将"反应"特征描述为"石化"。他们反映了一个事实：这些心理学家对作为一个发展过程的复杂反应不曾感兴趣。这种研究路径是将表面相似的复杂反应和简单反应相混淆的主要原因。可以说，复杂反应已经被"做解剖检查了"。

我们可以从对复杂反应和反射(reflex)的比较中获得有关这一问题的另一种视角，这二者在许多方面的心理意义不同。比较的一个目的是满足阐述的需要。众所周知，复杂反应的潜伏期比反射的潜伏期要长。但是冯特以前认为，复杂反应的潜伏期会随着实践练习而缩短，最终，复杂反应的潜伏期和简单反射的潜伏期会相等。在反应的早期阶段，复杂反应和反射之间最重要的区别很明显，随着练习的进行，其区别变得越来越模糊。因此，应该在对它们发展的分析中寻找这两种行为形式的差异。但那些经过较好练习的选择反应和反射的研究却掩盖了这些不同的地方，并没有增加这两者可辨识的差异。标准实验方法要求的预备试验经常会持续较长时间。当这些数据被放弃或者是被忽略，研究者只剩下一个自动反应，反而丢失了与反射的发展性差异，只是获得了表现的相似性。这些因素导致我们相信，以前的研究者仅是在反应变得"石化"之后才在心理学实验中研究反应。

【69】 对于复杂反应的传统分析的讨论，虽然是否定性的，但我们明确了基本的任务。为了了解我们所倡导的因果—动态分析的类型，我们将不得不改变研究的焦点。

对选择反应的因果—动态研究

显而易见的是，反应形成的早期阶段得到了重要关注，因为只有这个时期的数据才能揭示反应的真正起源及其与其他过程的联结。通过对反应的整个历史的客观研究，我们可以获得其内在属性和外在表现的整体解释。因此我们需要研究反应的最初表现、形成过程及完全形成后的整个过程，不断关注其动态发展。

从之前的讨论可以看出，研究的另一目的是很明确的：必须将复杂反应作为一个鲜活的过程来研究，而不仅仅是一个客观对象。如果我们面对反应的自动化形式，就必须将反应转换回它的源头。

当考察复杂反应研究所使用的实验程序时，我们发现所有这些程序都被限制在刺激和反应之间毫无意义的联结中。实验要求被试必须用不同方法对呈现的不同刺激进行反应：从被试的角度来看，不管是刺激和需要的反应之间的关系，还是刺激呈现的顺序，这两者都不重要。当需要一个动作反应，如按键，被试可以用他们喜欢的任何方式做出动作。这些常规做法使得问题各个元素之间的关系是机械的，研究过程变成使用无意义刺激进行记忆研究。

关于选择反应和记忆研究之间的类比，可以通过考察这两个任务中重复作用的相似性来进行扩展。虽然没有人对选择反应研究的实践进行详述，但也可以得出以下结论：如果反应是通过重复训练形成的（或者是训练加上书写或口头指导），那就可以通过死记硬背来学习，就像学习两个无意义音节之间的关联就是一个死记硬背的过程。如果是简单反应，而且提前对被试进行了说明，那么刺激和反应之间的关系是有意义的(如当我说"1"时按键1，当我说"2"时按键2)，我们将会

【70】 处理已经存在的关联。无论在哪一个例子中，我们都无法探究揭示这些潜在联结的反应的组织过程。

为了更加清晰，让我们追溯一下选择反应发展的各个阶段。首先是对成年人开展实验，其次是对孩子们。

如果我们建立一个相对简单的选择反应，当红色刺激出现时用左手按压按钮，当绿色刺激出现时用右手按压按钮，成年人很快就会获得一个稳定的反应。假设我们增加刺激和反应的数量至五个或六个并使得反应更加多样化，这样被试就不仅仅是用两只手进行反应，而是有时候按一个按钮，有时候只是简单移动一下手指。通过这种大量的刺激—反应配对，任务会更加困难。进一步假设，如果不给予被试较长时间学习刺激—反应关系的预先训练，而只给出少量的指导，在面临这种情境时，成人通常会拒绝尝试解决这个问题，他们无法记住应该做什么。甚至在实验开始之后，他们只是重复给自己的指令，询问任务中他们遗忘的部分，一般会在解决问题之前寻求掌握整个关系系统。

然而，如果我们采用类似于以前记忆研究中描述的程序，将附加刺激置于反应按钮和反应键上，成年人可以立刻使用这些辅助手段来记忆必要的刺激—反应关系。

在幼小儿童中却出现了不同的情况。我们首先提出与研究成年人

时相同的问题，要求孩子们对不同的刺激做出一系列不同的反应。与成年人不同的是，6～8岁的儿童在听到相关指示之后常常能正确地开始相关任务，尝试遵守相关的指示而没有丝毫的犹豫。实验一开始，多数孩子发现他们陷入巨大的困难。如果一个孩子回想起一个或两个必须的关系并对那些刺激做出正确的反应，他就会天真地询问剩下的刺激，分别地对待每一个刺激。孩子们的这种行为与成年人形成了鲜明对照，成年人只有掌握了所有必须的关系才能有效地处理单个刺激。我们将孩子们的这种行为视作一种证据，即他们处于用一种自然或者原始的方式对任务做出反应的阶段，因为他们依赖直接(非中介)记忆完成任务。孩子们毫不犹豫地接受建立一个基于10个刺激之多的复杂 【71】选择反应的挑战，这一事实表明，他们还不知道自己拥有的能力和局限性，他们用对待简单反应的方式应对复杂反应。

当我们引入辅助刺激时，孩子们的行为也不同于成年人的行为，我们能辨认出标志着成年人特点的重构的开端。

首先，我们会引入辅助刺激，其与我们开始时用的首要刺激有明确的关系。例如，如果首要刺激是一匹马，假定孩子们用左手食指按键做出反应，我们在那个按键上放了一个雪橇的图片。在对应于一个面包的按键上，我们放一把刀的图片。在这个案例中，孩子们理解到马拉动雪橇、刀切开面包，选择反应一开始就平稳建立起来了。此外，不管包含了多少刺激和反应，反应的特性依然保持不变。孩子们迅速地发现一种解决问题的规则，并以这种规则为基础进行选择。

然而，认为孩子们已经完全掌握了成年人模式的行为的中介系统，这或许并不正确。我们只需要改变首要刺激和辅助刺激之间的关系就会发现儿童反应系统的局限。如果我们用不同的方法(如马匹和刀、面包和雪橇)对刺激进行配对,儿童将不再能用正确的方法使用辅助刺激,儿童所能回忆的只是马能以某种方式帮助找到雪橇。儿童的反应揭示了:他能够使用关于马和雪橇的习惯性联想来引导选择,但是还没有掌握运用一种刺激去介入另一种刺激的反应的内在逻辑。

如果实验持续时间足够长,我们将会看到儿童反应方式的变化。在对任意相关刺激做出反应的初始阶段,面对任务时儿童缺乏足够的经验来有效组织行为,他对经验的使用很幼稚。但是,在实验过程中,他获得了重构行为的必要经验。就像在物体操作过程中获得初步物理知识一样,儿童在努力实施选择反应任务时获得了心理操作的知识。当他试图回忆哪一个刺激与哪一种反应相联系时,儿童开始学习这种情况下关联的相关记忆,开始有效使用一种或另一种辅助刺激。儿童【72】开始认识到,刺激和辅助图片之间的必然关系产生了正确的选择反应,而其他的则没有。他开始拒绝图片的安排,要求应当安排与按键相关联的首要刺激相匹配的图片。当要求儿童按面包键来对马的图片做出反应时,儿童回答:"不,我要的是雪橇键。"这表明儿童正在积累改变他自己记忆结构的经验。

在天真地理解记忆操作需要什么之后,儿童进入了下一个阶段。如果用看似偶然安排的方式呈现首要刺激和辅助刺激,要求儿童按特定的次序放置它们,并个性化地在它们之间建立一种特定的关联。此时,儿童表明他知道某种符号将有助于完成某些操作。简而言之,他开始通过使用符号进行记忆。

一旦这些发生了，儿童在建构关联并使用它们时不再经历困难。对给定的一些首要刺激与辅助刺激进行配对，儿童不再局限于使用已经存在的关联(如马匹—雪橇)，而是能创造自己的关联。这或许可以被称为外部符号使用阶段，其特征是儿童通过使用外部呈现的符号在内部操作过程中独立形成新的关联。现在，儿童组织外部刺激来完成反应；在这个基础阶段之后，儿童开始组织内部刺激。

这些变化发生在选择反应实验过程中，被试经过选择性实验的大量实践之后，反应时间开始变得越来越短。如果一个特殊刺激的反应时间是 500 毫秒或者更多，它会减少到仅仅只有 200 毫秒。较长的反应时间则表示儿童正在使用外部方法来记忆应该按哪一个键。儿童逐渐摆脱了外部刺激并且不再关注它们，对内部刺激的反应取代了对外部辅助刺激的反应。在发展过程中，这种内部操作包含了儿童对于过程结构的掌握，学会根据必须使用的外部符号来理解规则。当这个阶段结束时，儿童会说："我不再需要图片了，我可以自己完成。"

新方法的特征

我已经尝试证明：儿童发展过程的特征是行为本质结构的根本改变。在每个新阶段，儿童改变的不仅是反应，还有完成反应的新方式，他们采用新的行为"工具"，并且会以一种心理功能取代另一种心理功能。早期阶段通过直接适应形式完成的心理操作，后来会通过间接形 【73】

式来实现。儿童完成新任务使用方法的改变及其心理过程的重构反映了他们行为复杂性的逐渐增加。

我们关于发展的理念意味着对传统观念的拒绝，经常持有的一种观点认为，认知发展来自诸多个别变化的逐渐累积。我们认为，儿童发展是一个复杂的、辩证的、周期性的过程，不同功能的发展并不平衡，从一种形式向另一种形式的转变是形态上或性质上的转变，外部因素和内部因素交织在一起，适应过程战胜了儿童面临的障碍。大多数沉浸在进化观念的儿童心理研究者们，忽略了那些转折点，那些间歇性、革命性的变化在儿童发展的历史中是如此频繁。某些幼稚的观点认为，革命和进化看起来是矛盾的，历史发展只能是垂直线性的。在剧变发生的地方，历史的结构也割裂了，幼稚的观点看到的只有灾难、断裂、终结。历史不会凝滞，除非它再次在发展过程中选择直接的、线性的路径。

与此相反，科学思想将革命和进化视作两种形式的发展，相互关联，互为前提。科学思想认为，儿童发展过程中的跳跃只是一般线性发展中的一个瞬间。

就像我反复强调的那样，在儿童发展中重构过程的基本机制是一系列人为刺激的产生和使用。首先是通过外部的方法，之后是通过更加复杂的内部运作的方式完成。它们发挥了辅助的作用，使得人类可以掌握自己的行为。我们研究认知功能的路径并不需要实验者为被试提供已经准备好的、外部或人工的手段，使得他们能够成功完成既定任务。如果实验者不为孩子们提供人工手段而是等待他们自发地应用新的辅助方法或符号，然后融入他们自身的操作，这样的实验也同样有效。

我们应用这种路径的具体领域并不重要，或许可以通过为儿童提供新的方法解决给定任务来研究儿童记忆的发展，观察儿童解决问题努力的程度和特征；我们或许可以使用这种方法来研究儿童怎样利用外部手段的帮助来组织他们的积极注意；或许也可以通过儿童操纵对象并应用提供给他们的或他们自己发现的方法来追踪儿童算术能力的发展。至关重要的是：在所有的案例中，我们必须坚持一个原则。我们不仅研究心理操作的最终效果，也研究它的具体心理结构。在所有的案例中，与经典的简单刺激—反应实验相比，发展的心理结构呈现出更多的丰富性与多样性。虽然刺激—反应方法容易确定被试的反应，但当我们的目标是发现被试组织他们自身行为的方式与方法时，刺激—反应方法是没多大用处的。

我们将研究这些过程使用的方法称为双刺激功能法(the functional method of double stimulation)。作为一种规则，儿童在实验情境中面对的任务超出他现有的能力，而不能采用现有的技能来解决问题。在这些例子中，一个中性的目标放在儿童旁边，我们可以频繁地观察中性刺激如何被引入情境且呈现出符号功能。因此，儿童积极地将这些中性目标纳入解决问题的任务之中。当难度增加时，中性刺激呈现出符号的功能，其操作结构也呈现出本质上不同的特性。

通过这种路径，我们没有把自己局限于一些常用方法，即仅给被试提供简单刺激，期待被试做出直接反应。相反，我们同时提供了一些具有特殊功能的第二序列刺激。在这种方法中，我们就能够研究被试借助特定辅助手段完成任务的过程。这样，我们能够发现高级心理过程的内在结构及其发展。

双刺激法引发了不同年龄阶段个体行为关键过程的展现。儿童和成年人打一个绳结作为一种提醒物，这不过是人类行为调节规律的一个普通例子，也就是指示性（signification），在这里人们创造了短暂联结，在问题解决情境中赋予先前的中性刺激以意义。

【75】 我们认为这一方法是重要的，因为它有助于内部心理过程的客观化。刺激—反应方法是客观的，但其局限是研究的外部反应通常存在于被试初始的状态。我们认为内部过程客观化的研究方法与对已有客观反应的研究方法相比，更充分地关注了心理研究的目标。[11] 只有内部过程的客观化才能保证更接近高级行为的特定形式而不是其他次要的形式。

注 释

[1] *Engels*,Dialectics of Nature, *p.* 172.

[2] *H. Werner*,The Comparative Psychology of Mental Development (*New York*：*International Universities Press*, 1948).

[3] *K. Lewin*, A Dynamic Theory of Personality (*New York*：*McGrawHill*, 1935).

[4] *Stern*,Psychology of Early Childhood.

[5] 但在其他著作中，维果茨基从《资本论》第一卷中引用了大量内容.

[6] *E. Titchener*,Textbook of Psychology (*Moscow*, 1914, *in Russian*).

[7] *P. P. Blonsky*, Essays in Scientific Psychology (*Moscow*: *State Publishing House*, 1921).

[8] 对20世纪早期心理学的反应时间实验的重要性所展开的讨论，参见：*E. G. Boring*, "*The Psychology of Controversy*," Psychological Review, 36 (1929): 97—121.

[9] 卡特尔的几篇关于反应时间研究的实验，参见：*W. Dennis*, Readings in the History of Psychology (*New York*: *Appletoncentury-Crofts*, 1948)。

[10] *N. Ach* Über die Willenstatigkeit und das Denken (1905).

[11] 这可以很好地应用于学龄前儿童随意记忆的发展，参见：*Istomina*, Soviet psychology, 12, *no.* 4(1975): 5—64.

第二部分

教育启示

/ 6. 学习与发展的互动/

如果不处理好学龄期儿童学习与发展之间的关系，教学心理分析 面临的问题就无法得到正确解决甚至得不到明确的阐述。然而，这个问题却是所有基础问题中最不明确的一个，而将儿童发展理论应用于教育过程恰恰依赖这些基础问题。理论模糊并不意味着这个问题远离了当前对于学习的研究努力，没有任何一项研究可以避开这一核心理论问题。然而，学习与发展的关系在方法论上仍然是含糊不清的，因为具体的研究理论基础模糊，无法评估，有时其内部的假设、前提自相矛盾，对这一基本关系的解决也往往是极为古怪的。这些问题当然导致了诸多错误的产生。

实质上，目前存在的对儿童学习与发展关系概念的阐述，可以归纳为三种主要理论路径。

第一种路径集中在这样一种假设：儿童的发展过程独立于学习之外。学习是一个纯粹的外在过程，不主动参与到发展之中。它只是利用了发展的成果，并没有为改变学习过程提供动力。

一项针对学龄儿童思维发展的实验研究假设，诸如推论和理解、世界概念的演化、对自然因果规律的解释、对思维逻辑形式的掌控及抽象逻辑等都是自行产生的，不曾受到学校学习的任何影响。皮亚杰的方法就是这类理论的一个范例，他的理论原则相当复杂却不乏趣味，这也形成了他所运用的实验方法论。皮亚杰在和儿童的"临床谈话"中使用的问题清晰地说明了他的方法。当研究者向一个 5 岁的孩子提出"为什么太阳不落山"这样一个问题时，是假设这个孩子脑海里并没有一个准备好的答案，也没有给出答案的一般能力。提出这样一个远远超出儿童智力水平的问题，旨在消除先前经验和知识的影响，实验者的目的是以"纯粹"的形式去探索儿童思维的倾向，完全与学习无关。[1]

同样地，来自比内等人的心理学经典文献假定，发展一直是学习的前提，如果儿童的心理功能（智力操作）尚未达到足以学习一门特定科目的成熟程度，那么任何教导都是徒劳的。他们尤其反感先于成熟的教导，即对没有做好准备的孩子灌输一门科目。他们致力于寻求学习能力的低起点，探究能够进行某种特定学习的年龄。

由于这种路径的基本假设是学习滞后于发展，因此发展往往领先于学习，其否定学习在发展过程中的作用，否认在学习过程中激发功能的成熟。发展和成熟被视为学习的先决条件而绝不是学习的结果。这种观点可以总结为：学习构成了居于发展之上的上层建筑，而发展在本质上并不受其影响，不会改变。

第二种主要理论观点是：学习即发展。这种等同性是一系列起源各不相同的理论的共有精髓。

【80】

其中一个理论建立在反射概念基础上，这个本质陈旧的概念近来又开始广泛流行起来。不管是考察读、写还是算术能力，发展都可视为是对条件反射的掌握；也就是说，学习过程与发展过程不可分割地紧密联系在一起。詹姆斯详尽阐述了这一观点，他把学习过程归结为习惯养成，并将学习过程与发展等同起来。

反射理论与皮亚杰等人的理论相比，至少有一点是共同的：这两者都将发展构想为对先天反应的精细加工和替代。正如詹姆斯所述，"简而言之，教育是对动作的习得习惯和行为倾向的组织，没有比这更好的定义了"[2]。发展本身被归纳为所有可能反应的累积，习得的任何反应或者是先天反应表现出来的复杂形式，或者是先天反应的替代。 【81】

尽管上述两种理论观点有相似之处，但它们对学习与发展过程的时间关系的假设有很大区别。持第一种观点的理论家主张发展周期先于学习周期；成熟优先于学习，而教学必须放在心智成长之后。持第二种观点的理论家认为，学习和发展两个过程同步发生；学习和发展在各方面完全吻合，犹如两个相同的几何图形叠加在一起时完全重合一样。

有关学习和发展之间关系的第三种理论试图通过两者的简单结合来克服前两种观点的极端性。这种取向最具代表的是考夫卡的理论，他认为发展基于两个内在不同却相互关联、相互影响的过程。[3]一个是成熟过程，直接依赖于神经系统的发展；另一个是学习过程，其自身也是一个发展的过程。

这一理论在三个方面具有创新性。首先，正如我们已经注意到的，其将两种貌似对立的观点结合起来，它们在科学史上未曾有过交集。而恰是这样的两种观点结合成为一种理论，这一事实意味着它们并非是完全对立、相互排斥的，而有着本质上的共同点。第二个创新在于，构成发展的两种过程是相互依存、相互作用的。当然，考夫卡对于相互作用的性质并未深入细究，而仅限于对这两个过程的关系作了一些极为笼统的评论。对于考夫卡，很明确的一点是，成熟过程为学习过程做好了准备并使学习成为可能，而学习过程反过来又促进和推动了成熟过程。第三个也是最重要的一个创新是，学习对于儿童发展的影响加大了。这种强调使我们直接陷入一个古老的教育学问题，即正规学科(formal discipline)和迁移问题。

【82】 注重正规学科以及提倡古典语言、古代文明及数学的教学法运动认为，尽管这些特定科目与日常生活毫不沾边，但它们对学生的心理发展具有重大的价值。各种研究均对这一观点的可靠性提出质疑，这些研究指出，某一领域的学习对个体总体发展的影响微不足道。例如，反射理论家武德沃斯(Woodworth)和桑代克发现，经过特殊训练的成年人在判断短线长度时表现成功，而判断长线长度的能力却无明显进步。同样是这些成年人，经过训练后能够成功估计出给定二维图像的大小，但这一训练却未能使他们成功估计出其他不同尺寸和形状的二维图像的大小。

根据桑代克的说法，心理和教育理论家相信每一个特定反应的获得都直接增强了同等标准下的总体能力。[4]教师们认同并指引其行动的理论根据是：心理是一系列能力的复合，包括观察力、注意力、记忆力和思考力等，任何一种具体能力的提升都会带动所有能力的总体提高。根据这一理论，如果一个学生对拉丁语法的注意力提高了，那么对任何任务的注意力也会同样得到提高。"准确度""思维敏捷""推理能力""记忆力""观察力""注意力""专注力"等词语被视为实际基本能力的象征，这些基本能力根据他们处理的材料而各有不同。通过学习特定科目，这些基本能力得到改变，当转向其他领域时也仍然能够保持这些变化。因此，如果某个人学会把单一的一件事情做好，那么他也能够做好任何其他毫不相关的事情(因为某种神秘的联系)。理论家认为，心理能力不依赖它们所操作的材料而独立发挥作用，且一种能力的提升必然带动其他能力的提高。

桑代克本人则反对这一观点。通过一系列研究，他指出活动的特殊形式，如拼写，依赖于对具体技能的掌握及完成这项特殊任务所需的材料。某种特定能力的提高很少意味着其他能力的提高。桑代克指出，能力的特定化比表面观察所呈现的更为复杂。例如，我们从 100 个人中挑出 10 个人，这 10 个人在检查拼写错误及测量长度上成绩很好，但让他们在诸如估计物体重量方面做得更好则不大可能。同样，【83】做加法运算的速度和准确度与思考反义词的速度和准确度也毫不相关。

这项研究表明，心理并非是诸如观察力、注意力、记忆力和判断力等一般能力的复合联结，而是一系列具体的能力，并且在某种程度上这些能力是相互独立且各自发展的。学习不仅仅是获得思考能力，还要获得许多用于思考各种事情的特定能力。学习并非改变我们总体的注意能力，而是提高对不同事情的各种注意能力。这一观点表明，只有在组成元素、材料和过程相类似的具体领域，特定训练才会影响总体能力；习惯支配着我们。由此得出结论，由于每种活动均依赖所处理的材料，意识的发展是一系列具体的、相互独立能力的发展，或是一系列特定习惯的发展。只有当意识的功能或活动这两者存在共同点时，某种意识功能或其活动在某个方面的提高才会影响其他方面的发展。

发展理论家如考夫卡和格式塔学派主张第三种理论观点，反对桑代克的观点。他们声称学习产生的影响从来都不是具体的；根据对结构原理的研究，他们提出，学习的过程不能简单概括为技能的形成，而是要体现出智力的层级，使得在解决某项任务中发现的一般原理转换到其他任务成为可能。根据这个观点，尽管使用的材料与涉及的元素不同，当儿童学习某项具体操作时，他们获得了创造出某种类型结构的能力。因此，考夫卡认为学习不能仅被限定为一种习惯过程和技能的获得。他所假定的学习与发展的关系并非同一性，而是更为复杂的关系。根据桑代克的观点，学习与发展在各方面相一致；考夫卡则认为，相比于学习，发展往往是一个更大的集合。用图解法表示，这两个过程的关系相当于两个同心圆的关系，较小的同心圆象征学习过程，较大的同心圆则象征由学习所引发的发展过程。

【84】 一旦儿童学会某项操作活动，他便能由此理解一些结构性原则，这些原则的运用范围并不仅仅局限于上述特定类型的活动。因此，当一个儿童在学习上跨出一步，在发展上则跨出了两步，也就是说，学习和发展是不一致的。这个概念是我们讨论过的第三种理论的精髓所在。

最近发展区：一种新方法

虽然我们不能同意上述的三种理论观点，对它们的分析却能够使我们对学习与发展的关系有一个更为恰当的理解。解决一个被框定的问题是复杂的。它包含两个独立的议题：第一，学习与发展的一般关系；第二，儿童达到学龄期时这个关系的具体特性。

儿童的学习早在他们上学前就开始了，这是本次讨论的起点。儿童在学校遇到的每项学习都是有先前历史的。例如，儿童是在学校才开始学习算术的，但在很早之前他们就已经对数量有了一些经验，他们必须要面对除法、加法、减法及判断大小等运算。因此，儿童拥有他们的学前算术，对于这一点，只有短视的心理学家才会忽视。

学龄前的学习和学校学习相差迥异，学校学习与科学知识基础的吸收理解相关联。即使儿童在首次提问时，他吸收理解了周围环境中物体的名称，那么他就是在学习。的确，我们是否能够质疑：孩子们从成人那里学习言语，或者说，通过提问和解答，孩子们获得了各种信息；抑或，通过模仿成人，孩子们发展了整个技能库？从孩子出生的那一刻起学习与发展就密不可分了。

考夫卡试图阐明儿童学习的规律及其与心理发展的关系，集中关注发生在学龄前最简单的学习过程。他的错误在于，当看见学龄前学习与学校学习之间的相似性时，未能辨明它们的不同——他没有看清学校学习引入了特殊的新元素。考夫卡和其他人认为，学龄前学习与

【85】 学校学习的区别在于：学龄前学习是非系统学习，而学校学习则是系统学习。但"系统性"（systematicness）并非是唯一议题；还存在一个事实，学校学习为儿童发展引入了一些基础性的新事物。为全面阐述学校学习，我们将引入一个尤其重要的新概念——最近发展区（the zone of proximal development），没有这个概念，问题将会无法解决。

一个众所周知的、根据经验而确定的事实是：学习应该以某种方式与儿童的发展水平相匹配。例如，已然确定的是，读、写和算术的教学必须在某个特定的年龄层次上开始。然而近年来，人们转而关注这样一个事实：如果想要发现发展过程与学习能力的真实关系，那么就不能仅仅局限于确定发展水平。我们必须至少确定两种发展水平。

第一种水平可称为实际发展水平（actual developmental level），即作为某些已经完成的发展周期的结果，儿童已经确定的心理功能发展水平。当我们通过测验判断儿童的心理年龄（mental age）时，我们处理的通常就是实际发展水平。在对儿童心理发展的研究中，一般假定只有那些儿童能够独立完成的事情才是心理能力的标志。我们给孩子们布置一系列测试或安排各种任务，这些测试和任务难易程度不一，根据他们如何解决和在什么样的难度上解决来判断他们的心理发展程度。另一方面，如果我们提供引导性的问题，或者给孩子演示如何解决问题，随之孩子就解决了问题；或者教师提供了帮助，或者这个孩子在与其他孩子的合作中完成或解决了问题。简言之，如果孩子自己未能独立解决问题，这种问题解决就不能作为他心理发展的标志。这一"事实"极其常见，人们的生活常识也强化了这一点。十多年来，即使是最资深的思想家也从未质疑过这一假定。但他们从未考虑过，儿童通过他人的帮助而得以完成的事情在某种意义上甚至比他们独立完成的事情更能反映他们的心理发展。

让我们举一个简单的例子，假设我对两个刚入学的孩子进行考察，两个人的实际年龄均为 10 岁，心理发展年龄为 8 岁。我可以说他们在心理上是同龄的吗？当然可以。什么意思呢？就是说，他们能够独立应对达到某种难度的任务，这种难度合乎 8 岁年龄水平的标准。如果到此为止，人们会猜想接下来这些孩子的心理发展与学校学习过程会是一样的，因为这些依赖他们的智力。当然，也不排除其他因素，例如，其中一个孩子生病了半年，而另一个孩子却从未缺过课。但一般来讲，这两个孩子的结局应该是一样的。假设现在我的研究没有到此终止，而只是刚刚开始。这两个孩子似乎都有能力处理 8 岁年龄段水平的问题，但远非如此。假设我向他们示范处理问题的各种方法。不同的实验者在不同的情况下可能采取不同的示范模式：一些会全程贯穿整个示范过程，然后要求孩子重复。其他人可能会激发协助，并要求学生完成，或提出引导性问题。简单地说，我计划通过某种方式，让孩子们在我的帮助下解决问题。在这种情况下，出现的结果是：第一个孩子能够解决高达 12 岁年龄段水平的问题，而第二个孩子仅能解决 9 岁年龄段的问题。现在，这些孩子的心理年龄还是一样的吗？【86】

当处于同一心理发展水平的儿童在教师的指导下进行学习的能力首次出现大幅度的差异时，很明显地可以看出他们的心理年龄并不一样，而他们学习的后续进程也显然会有所不同。12 岁与 8 岁的差别，或是 9 岁与 8 岁的差别，就是我们所谓的最近发展区。它是由儿童独立解决问题而确定的实际发展水平与通过成人的指导或与能力较强的同伴合作解决问题而确立的潜在发展水平之间的距离。

如果我们天真地问何谓实际发展水平，或者更简单些，独立性更强的问题解决能说明什么？最常见的回答是，一个儿童的实际发展水平可定义为已经成熟的心理功能，即发展的终端产物。如果一个儿童能够独立完成某件事情，就意味着他在这方面的心理功能已经成熟了。那么，由儿童不能独立解决只有借助帮助才能解决的问题所确定的最近发展区定义的又是什么呢？最近发展区界定了那些尚未成熟但处于成熟进程中的功能，这些功能将来会成熟但目前处于萌芽状态。可以把这样的功能比喻为发展的"花朵"或"花蕾"，而不是发展的"果实"。实际发展水平对心理发展的描述具有回顾性，而最近发展区对心理发展的描述则具有前瞻性。

【87】

最近发展区成为心理学家和教育家理解发展的内部过程的一个工具。运用这种方法，我们不仅能够考虑已经完成的周期和成熟进程，同时也能够研究正处于形成状态、刚刚开始成熟和发展的进程。因此，最近发展区使我们有可能描绘孩子的近期状况和动态发展状态，不仅顾及已经取得的发展，也能为正在进行中的成熟留出余地。从已经完成的发展周期的角度来看，实例中两个孩子具有同样的心理年龄，但其发展动态却是截然不同的。一个儿童的心理发展状态只能通过澄清两个水平才能确定：实际发展水平和最近发展区。

我会通过讨论一项针对学前儿童的研究来表明，今天处于最近发展区的明天就会成为实际发展水平，即今天要依赖别人的帮助才能完成的任务，明天就能独立完成。

美国研究者多萝西·麦卡锡(Dorothea McCarthy)表示，在3～5岁的儿童中存在两个功能组：一组是儿童已经具备的功能，另一组是通过引导、小组活动或与他人合作可以获取(但并非独立掌握)的功能。麦卡锡的研究表明，第二功能组处于5～7岁儿童的实际发展水平。3～5岁的儿童，只有通过引导、小组活动或与他人协作才能完成任务，但5～7岁时他们就能独立完成这些任务了。[5]因此，如果我们要确定的仅仅只是心理年龄，即已然成熟的功能，我们只能总结已经完全发展的功能。但如果我们要确定的是成熟中的功能，在假定同等发展条件保持不变的前提下，我们能够预测这些儿童在5～7岁时会发生什么。在发展研究领域，最近发展区可以成为一个强有力的概念，能够显著加强心理发展运用于诊断教育问题的功效。

对最近发展区概念的充分理解必然导致对学习中模仿作用的重新评估。经典心理学中一条不可撼动的原则是，只有儿童的独立活动而非模仿活动，才能反映他们的心理发展水平，这一观点在目前所有的【88】测验系统中都有表述。在评估心理发展时，我们关注的只是儿童能够完成的对测试问题的解决，没有他人的协助，没有示范，也没有引导性问题。模仿和学习被视为纯粹的机械过程。但最近，心理学家已经证明一个人只能模仿其自身发展水平之内的事物。例如，当一个孩子被算术问题难住了，教师在黑板上给出解答后，这个孩子立刻就能掌握解决方法。但是，如果教师再解答一道高级数学题时，这个孩子会再次束手无策，不管模仿多少次，他还是无法理解其解决方法。

以苛勒为代表的动物心理学家将模仿问题处理得很好。[6]苛勒的实验试图判断灵长类动物能否进行图形思考。基本问题是：灵长类动物是独立解决问题，还是仅能模仿它们早先见识过的解决方法，例如，观察其他动物或人类使用棍棒及其他工具，然后进行模仿。苛勒设计了特殊实验用来确定灵长类动物能够模仿什么。实验发现，灵长类动物利用模仿所能解决的仅限于那些和它们能够独立解决的问题难度相同的问题。然而，苛勒忽略了一个重要的事实，那就是灵长类动物并不能通过模仿被教导(人类意义上的教导)，它们的智力也不会因此得到发展，因为它们没有最近发展区。一只灵长类动物通过机械与心理技能的训练可以学到很多东西，但这并不会使它变得更聪明，也就是说，不能通过教导使它能够独立解决各种更为高级的问题。因此，动物不具有人类意义上的学习能力；人类学习是以特有的社会性为前提的，在这一过程中儿童逐渐成长进入他们周围人的智性生活。

儿童可以模仿远远超出他们能力所及的各种行为举止。在集体活动中或在成人的引导下，儿童通过模仿能做许多事情。这一事实就其本身而言看似无关紧要，却具有基本的重要性，因为它意味着需要颠覆关于儿童学习与发展关系的整个学说。一个最直接的后果是改变从发展的诊断性测验中所获得的结论。

【89】　　以前，我们相信使用测验可以确定心理发展水平，以此来服务教育，不能超出个人的局限。这种程序将学习定位于朝向过去的发展，指向那些已经完成的发展阶段。这一观点的错误在实践上比在理论上

暴露得更早，尤其在智力障碍儿童的教学上表现最为明显。研究已经证实智力障碍儿童不太具备抽象思维能力。由此，特殊学校的教学得出了一个看似正确的结论：对这类儿童的所有教学都必须以具体的、看和做(look-and-do)的方法为基础。然而，运用这种方法的大量经验都走向了彻底的幻灭。结果是：一个仅以具体性为基础的教学系统，排除了一切与抽象思维相联系的教学，不仅不能够帮助智力障碍儿童克服他们的先天障碍，反而还强化了他们的障碍，因为它们使儿童仅习惯于具体思维，抑制了他们尚存的任何抽象思维萌芽。更确切地说，智力障碍儿童被放任不管时，绝不会获得形式精致的抽象思维，学校应当全力引导他们的抽象思维，发展先天所欠缺的。从目前特殊学校针对智力障碍儿童的实践中，我们可以看到一个有利的转变，其远离了具体性的概念，让"看和做"恢复它本来的作用。现在，具体性只是被视为发展抽象思维的基石，仅仅作为一种手段，而非最终目的；这是必需的也是不可避免的。

同样，从儿童的整体发展角度来看，定位于已经达到的发展水平的学习对正常儿童是无效的。它不是向发展过程的新阶段进军，而是落后于这个进程。因此，最近发展区这个概念使我们能够提出一个新准则，即走在发展前面的学习是唯一的"好学习"。

语言的获取能为学习与发展关系的整体问题提供一个范例。语言最初是作为儿童与其周围环境的人进行交流的一种手段。只有在后来转变为内在言语后，语言才开始组织儿童的思维，也就是说，演变为一种内部心理功能。皮亚杰等人指出，当某个儿童想要在群体中证实

【90】 自己的观点时，推理就作为一种论据产生了，并先于它作为一种内部活动(其特征是这个儿童开始知觉并检验他的思想基础)而产生。根据这一观察结果，皮亚杰得出以下结论：交流产生了检验(checking)与证实(confirming)思维的需要，这是成人思考过程的特征。[7]同样，内部言语和反思性思维源于儿童与周围人们之间的互动，这些互动为儿童提供了自主行为发展的来源。皮亚杰指出，合作为儿童道德判断的发展提供了基础。早期研究证实，儿童首先要学会使自己的行为遵从集体游戏规则，之后，自主的自控行为才会作为一种内在功能而产生。

这些案例说明了高级心理功能的一个普遍发展规律，可以作为一个整体运用于儿童的学习过程。我们提出，学习的本质特征是它创造了最近发展区，也就是说，学习唤醒了各种内部发展过程，这些过程只有在儿童与周围人互动或与同伴合作时才能运行起来。一旦这些过程被内化，它们便成为儿童独立发展成果的一部分。

由此可见，学习并非发展；然而，经过恰当组织的学习能够促进心理的发展，并启动、激活各种发展过程；没有学习，这些过程是不可能发生的。因此，学习是经过文化组织的、人类独有的心理功能发展过程中必要而普遍的因素。

总之，我们假设的本质特征是：提出了发展过程与学习过程并不相一致的观点。发展过程落后于学习过程，这一顺序导致了最近发展区。我们的分析颠覆了传统观点，即当一个儿童理解了一个词的意义，或者掌握了一项操作如加法或书面语言，他的发展过程就基本完成了。事实上，这仅仅是个开始，以这种方式分析教育过程的主要结论表明：

初始的掌握，如对四则算术运算的掌握，奠定了儿童思维中各种极为复杂的内部过程后续发展的基础。

我们的假说确立了学习过程与内部发展过程的统一性而非同一性，【91】它以一个过程转换到另一个过程为前提。因此，如何将儿童的外部知识与能力进行内化成为心理研究的主要焦点。

任何调查研究都会探究现实层面。对发展的心理分析旨在揭示通过学校学习唤醒的智力过程的内部关联。在这点上，这种分析将会是朝向内部，类似于 X 射线的使用。如果成功，就能够向教师揭示由学校学习所激发的发展过程是如何在每个儿童的头脑里进行的。揭示学校课程内部、潜在的发展网络是心理和教育分析的首要任务。

我们假设的第二个基本特征是，虽然学习直接关系到儿童发展过程，但这两者却从来都不是以同等标准或平行方式实现的。儿童发展跟随学校学习的方式从来都不像影子跟随其遮挡物的方式。事实上，发展与学习过程之间存在相当复杂的动态关系，不是一个恒定不变的公式所能涵盖的。

每门学校科目与儿童发展过程都有特殊的联系，这种关系随着儿童发展阶段的不同而变化。这直接导致我们对正规学科问题的重新审视，也就是从整体心理发展角度对每门科目的重要性进行重新评估。很明显，运用任何一个方案都无法解决问题；基于最近发展区概念之上的广泛而极其多样的具体研究对于解决这一问题是必不可少的。

注　释

[1] Piaget, *Language and Thought*.

[2] William James, *Talks to Teachers* (New York: Norton, 1958), pp. 36—37.

[3] Koffka, *Growth of the Mind*.

[4] E. L, Thorndike, *The Psychology of Learning* (New York: Teachers College Press, 1914).

[5] Dorothea McCarthy, *The Language Development of the Pre-school Child* (Minneapolis: University of Minnesota Press, 1930).

[6] Köhler, *Mentality of Apes*.

[7] Piaget, *Language and Thought*.

/ 7. 游戏在发展中所扮演的角色/

将游戏定义为为儿童提供欢乐的活动是不准确的，原因有二。首 先，很多活动都能够给儿童提供比游戏更为强烈的快乐体验，如吮吸橡皮奶嘴，尽管孩子不会感到满足。其次，很多游戏活动本身并非快乐的，如在学前末期和学龄初期那些占主导地位的游戏，只有当孩子感觉它有趣，它才带来欢乐。运动类游戏(不仅仅是体育运动，也包括其他含有输赢性质的竞赛)往往因为其结果不如意而令人不快。

不过，当愉悦不能作为定义游戏的一个特征时，在我看来，那些忽视了游戏可以满足儿童需要的理论则导致了游戏的学究式智能化。一般来说，在谈论儿童发展时，许多理论家都错误地忽视了儿童的需要(在最宽泛的意义上，这种需要包括能够激发活动的每件事情)。我们时常将儿童发展描述为其智力功能的发展，每个站在理论家面前的儿童都以或高或低的智力发展水平来定义，其智力从一个发展阶段移向另一个阶段。但是，如果忽视了孩子的需求以及能有效促进孩子行动的刺激物，我们将永远不能理解他们从一个发展阶段到下一个阶段的进步，因为每一个进步都与显著变化的动机、倾向以及刺激相关联。

婴儿最感兴趣的东西已经没法激起蹒跚学步的儿童的兴趣了。需要的

【93】 成熟是本章的主要议题，因为我们无法忽视孩子在游戏中满足特定需要这一事实。如果我们不理解这些需要的特性，就无法理解游戏作为一种活动形式的独特性。

年龄很小的孩子希望愿望即刻得到满足；提出要求和满足要求之间的间隔通常极为短暂。从来没有哪个 3 岁以下的儿童希望在未来的几天内做什么事情。但是，在学龄前阶段，会出现许多未被满足的倾向和欲望。我认为，如果儿童未被即刻满足的需求在学龄期没有继续发展，那么就不会有游戏，因为游戏似乎就是在儿童开始经验到未被满足的倾向这一节点时出现的。假设一个很小的孩子(大概 2.5 岁)想要做一件事，如扮演妈妈的角色，她希望马上实现。如果她不能得到想要的，就会立刻大发脾气，但通常大人可以牵制并安抚她以使她忘记自己的愿望。在学龄前初期，如果儿童的欲望不能被立即满足或不能忘记，他们会有立刻实现欲望的表现和倾向性，这时仍会保留上一阶段的特性，但儿童行为会发生改变。为解决这种冲突，学龄前儿童将进入一个想象的世界，在这个世界里，未被满足的欲望将得到满足，我们将这个世界称为游戏。想象对儿童来说是一个新的心理过程，它不会出现在十分年幼的儿童的意识中，对动物来说想象是完全不可能的事。想象代表人类意识行为的一种特殊形式，如同意识的所有功能一样，想象初始产生于活动。俗话说儿童的游戏是活动中的想象，这一观点必须扭转，我们认为：青少年和学龄儿童的想象是没有活动的游戏。

从这个角度来看，学龄前游戏带来的乐趣显然受不同动机控制，而不像吸奶嘴那么简单。这并不是说游戏是每个未被满足欲望的结果（如当一个孩子想要骑车，但这个愿望没有被马上满足，于是孩子回到自己的房间，假装她正在骑车）。这种情况极少发生。游戏中这种泛化情绪的存在也并不意味着孩子自己明白游戏的动机是什么。从这点来看，游戏与工作和其他活动形式完全不一样。

因此，建立区分儿童游戏与其他活动形式的标准时，我们的结论是：在游戏时，儿童创造了一个想象的情境。这不是一个新观点，就游戏中的想象情境而言，大家一直都认同这个观点；但是之前，人们一直认为这只是游戏活动的一个例子。通常，人们并不认为想象情境是游戏的定义特征，而是将其作为游戏的特定子类型的一个属性。 【94】

我认为，以前的观点在三个方面不尽如人意。第一，如果认为游戏具有符号意义，那么有将游戏等同于类似代数活动的危险，也就是说，游戏像代数一样，将被视作生成现实的符号系统，这样的话，游戏就没有特性可言。儿童将被视为一个不成功的代数家，他不能写出符号，但可以用动作描述。我认为，对游戏恰当的术语定义不应是符号性的活动，因此，展示游戏中动机的作用变得十分重要。第二，此结论强调了认知过程的重要性，但忽略了儿童活动的动机和情境。第三，先前的方法并未能帮助我们理解游戏在后来发展中的作用。

如果所有的游戏的确是以游戏形式实现的不能被立即满足的愿望，那么想象情境的元素将自动成为游戏自身情感基调的一部分。让我们来看看儿童在游戏时的活动。儿童在想象情境中的行为意味着什么？

我们知道，具有规则的游戏的发展始于学龄前后期，并在学龄期继续发展。很多调查者尽管不属于辩证唯物主义阵营，却沿着马克思推荐的路线进行这项研究。马克思曾说道："人体解剖对于猴体解剖是一把钥匙。"他们从后期以规则为基础的游戏入手考察儿童早期的游戏，然后得出结论：涉及想象情境的游戏事实上是以规则为基础的游戏。

我们甚至还可以更深入一点儿，进一步阐明没有规则的游戏根本就不存在。任何形式的游戏的想象情境已经包含了行为规则，尽管这种游戏可能不是事先设定好规则的游戏。儿童将自己想象成妈妈，将布娃娃想象成孩子，因此，他必须遵守母亲行为的规则。萨利(Sully)很早就注意到，年幼孩子可以将游戏情境和现实一致起来。[1]他描述了一个案例，有两姐妹，妹妹5岁，姐姐7岁，相互对对方说，"让我们来玩姐姐妹妹的游戏吧"，她们是在现实的基础上游戏。在某些案例中，我发现很容易让孩子开始这种游戏。比如，很容易让一个小孩扮演孩子的角色，妈妈扮演母亲的角色，这是基于现实的游戏。萨利认【95】为最重要的区别在于，游戏中，孩子会努力按她认为的样子扮演姐妹的角色。在生活中，孩子的行为表明她从来没有想到她是自己妹妹的姐姐。但在姐妹游戏中扮演姐妹时，她们的关注点就放在了展示姐妹关系上；两姐妹决定玩姐妹游戏的事实促使她们必须遵守相应的行为规则。游戏只接受遵守这些规则的行动：她们做相似的打扮，说相似的话。简而言之，她们做任何能强调她们是姐妹关系的事情，就像有成人或陌生人在观察她们一样。姐姐握着妹妹的手，告诉她其他人的事："那是他们的，不是我们的。"这意味着："我和我的妹妹行为一样，受到的对待一样，但是其他人和我们不同。"在这个例子中，重点在于与儿童姐妹概念相联的每一件事的相同之处。通过这种游戏，孩子会慢慢明白，姐妹之间的关系与她们和其他人之间的关系不一样。在现实生活中并不被孩子注意到的一些事，在游戏中变成了行为规则。

如果游戏是以没有想象情境的方法构建的，还会有些什么呢？规则将会保留。只要在游戏中有想象情境，就有规则，这些规则不是事先制定好的，而是从想象情境中衍生的，在游戏中可以变动。因此，儿童可以在没有规则的想象情境中活动的说法是不准确的。如果孩子扮演的是母亲的角色，那么她就会有母亲的行为规则。孩子要完成的角色以及她和对象的关系(如果对象已改变其意义)将总是从规则中衍生。

起初，大家认为研究者的唯一任务就是揭示隐藏在所有游戏中的规则，但研究表明，所谓纯粹具有规则的游戏本质上只是具有想象情境的游戏。就像想象情境必须包含行为规则一样，每个具有规则的游戏也包含想象情境。例如，下国际象棋能创造想象情境。为什么呢？因为骑士、国王、皇后等棋子只能按特定规则移动；因为掩护和分割是纯象棋术语。尽管在国际象棋游戏中，没有对现实生活关系的直接替代，它仍然是一种想象情境。只要有规则支配，最简单的规则游戏就立刻变成想象情境，行动的众多可能性就都被排除了。

正如我们在一开始所说，每个想象情境都以一种隐藏的形式包含了规则。我们也证明了这个结论的反面，每个带有规则的游戏以隐藏【96】的形式包含了想象情境。从公开的想象情境和隐藏的规则到公开的规则和隐藏的想象情境的发展路线勾勒了儿童游戏的演化。

游戏中的活动和意义

游戏对儿童发展的影响是巨大的。从本质上来说，想象情境中的游戏对 3 岁以下的儿童而言是不可能的，因为它是将儿童从约束中解放出来的一种新的行为形式。在很大程度上，幼儿的行为，或肯定地说，婴儿的行为是由活动发生的条件决定的，就像勒温等人的实验展示的那样。[2] 例如，勒温表明，儿童很难认识到，要在石头上坐下，必须先背朝石头，这表明了儿童在每项活动中被情境限制约束的程度。很难想象，我们在游戏中观察到的什么现象能比勒温的实验更能显示出情境限制对行为的约束。因此，儿童学会了在认知领域而不是外部视觉领域活动，认知领域依赖的是内部愿望和动机，而不是由外部事物提供的刺激。从一项关于事物对年幼儿童的驱动本质的研究中，勒温得出结论，事物指示儿童必须做什么：门是用来开或关的，楼梯是用来攀爬的，铃是用来摇响的。简而言之，对于幼小儿童的行为而言，事物都有其内在的动机力量，从而普遍地决定了儿童的行为。勒温创建了心理拓扑学：根据事物之间的各种吸引或排斥进行分布，他用数学方法在一个场域里展示了儿童活动的轨迹。

儿童受情境约束的根源在于童年早期意识的核心特点：动机和知觉的联合。在这一年龄阶段，知觉通常不是独立的，而具有一种动作反应的整合性。每种知觉都是活动的刺激物。既然情境是通过知觉进行心理性的交流，且知觉与动机活动不可分离，我们就很容易理解儿童意识是通过以下方式建构的——儿童在情境中发现了自己，又被情境所约束。

但是在游戏中，事物失去了其决定性力量。儿童看见某事物，但其会做出与其所见事物关系不同的行为。因此，当儿童开始独立于其所见事物进行活动时，就达到了一种条件。一些脑损伤患者失去了独立所见进行活动的能力。想想这些患者，人们便能知道成人和较成熟的儿童享受的行动自由不是一下子获得的，必须经历漫长的发展过程。 【97】

想象情境中的活动教会儿童不要单纯依靠对客体的即刻感知或瞬间影响自己的情境去指导自己的行动，还应该依靠情境的意义指导自己的行动。实验和日常观察清楚表明，年幼儿童无法将意义领域与视觉领域分离，因为在意义和所能看见的场景之间有非常密切的融合。就算是两岁大的孩子，当唐雅（Tanya）坐在其前面时，要求她重复"唐雅正在站着"这个句子，她也会将其改成"唐雅正坐着"。在某些疾病中，也会遇到同样的情境。戈尔德斯坦（Goldstein）和盖尔布（Gelb）描述了一群病人，他们无法陈述不真实的事情。[3]盖尔布记录的资料中有一名左撇子患者，他无法写下"我可以用右手流畅地写字"这句话。在晴朗的天气看向窗外时，他无法重复"今天的天气真糟糕"，但会说"今天的天气不错"。我们经常发现有语言障碍的患者无法重复无意义的短语，如"雪是黑色的"，但他们能够复述具有同等语法结构和语义难度的短语。知觉和意义之间的联系可从儿童言语发展过程中窥见一二。你对孩子说"钟"，他会开始寻找钟。这个词最早用于指示特定的空间位置。

意义领域和视觉领域的分离最早发生在学龄前期。在游戏中，思维从客体中分离，动作是从观念而不是从事物中产生的：一块木头可以变成一个玩偶，一根木棍可以变成一匹马。根据规则进行的行动开始由观念决定，而不是由客体本身决定。这与孩子和真实、直接、具体的情境之间的关系形成很大的反差，难以低估其全部意义。儿童并不是一下子做到这点的，因为对于一个儿童来说，很难将思维（一个词的意义）与客体分离。

当某个客体（如一根木棍）可以辅助儿童将马的意义与真实的马分离开来时，游戏可以在这个过程中提供一个过渡的平台。儿童还无法将思维和客体分离，儿童的弱点在于，为了想象一匹马，他需要使用【98】"木棍上的马"作为定义其行动的支点。但是，决定儿童与现实关系的基本架构仍在这一关键时期剧烈改变，因为他的感知结构发生了变化。

如我在前几章讨论的那样，人类感知的一个特别之处（在很小的时候就开始出现）是所谓的对真实客体的感知，即不仅对颜色和形状的感知，还有对意义的感知。动物的感知并不具备类似的特点。人类不仅仅是用双手感知事物，当看到一只钟，他们就能将每只不同的钟区分开来。因此，人类感知的结构可以用分数来形象地表示，客体是分子，意义是分母，即$\dfrac{客体}{意义}$。这个分数象征的意义是：人类感知是由广义的感知而不是孤立的感知组成的。对儿童而言，客体是$\dfrac{客体}{意义}$分数的主导者，意义是客体的附属物。在以木棍作为支点将马的意义和真实的马分离的关键时刻，这个分数反转过来，即意义变成主导者$\left(\dfrac{意义}{客体}\right)$。

这并不是说事物的属性没有意义。任何木棍都可以变成马，但是，举例来说，一张明信片对儿童来说就不能等同于一匹马。歌德（Goethe）所持的论点是：在游戏中，对儿童而言任何事物都可以被当成其他任何事物的说法是错误的。当然，对于可以有意识地使用符号象征的成人而言，明信片可以是一匹马。如果想显示某个事物的位置，我可以拿出一根火柴，说，"这是一匹马"。这样就足够了。对于一个孩子来说，这不是一匹马，因为他必须使用木棍；因为缺少可以自由替代的东西，儿童的活动是游戏而不是象征。象征是一种符号，但对于儿童来说，木棍不能作为马的符号发挥作用，它仍然保留事物的属性，但改变了事物的意义成为中心。在游戏中，事物的意义成为中心，客体从主要地位降至附属地位。

儿童在游戏时，将意义与通常的客体和行为剥离开来，但是，当他将实际行为与真实客体融合时，一个十分有趣的矛盾出现了。这是游戏的过渡性；这个阶段处于童年早期纯粹的情境约束和成人思维之间，完全独立于真实的情境。

当木棍变成将"马"的意义与真实的马分离开来的支点时，在语义上，儿童会混淆这些客体。他无法将意义从客体剥离，也无法将词语从客体剥离，除非在其他事物身上找到剥离的支点。意义的转换是由【99】以下的事实推动的，即儿童接受一个词语作为某件事物的属性；他看到的不是词语而是词语指代的事物。对儿童来说，"马"这个单词用于木棍时表明"这里有一匹马"，因为在他心里看到了词语背后的那个客体。朝向意义操作的关键转变阶段发生在儿童开始像依据客体行动那样依据意义去行动(他用木棍行动时似乎木棍就是一匹马)。后来,他会有意识地这样行动。这种改变也可以在以下的事实中观察到:在儿童掌握语法和书面语言之前,就知道怎样做事情,但他并不知道自己已经知道。他并非自主地掌握这些活动。在游戏中,儿童自发地使用其能力将意义从客体中分离,而他不知道自己正在这么做,就像他没在意自己说的词是什么,其实却在用散文体说话一样。因此,通过游戏,儿童获得了对概念或客体的功能性定义,词语变成事物的一部分。

想象情境的创建不是儿童生活中的偶然现象,而是儿童从情境限制中解放出来的首要表现。游戏的主要悖论在于儿童在真实情境中根据异化的意义进行操作。次要悖论是在游戏中,儿童采用的是最少抵触路线——他做自己最想做的事,因为游戏与快乐联系在一起;同时,通过向规则屈服,并放弃自己想要的东西,他学会遵守最大抵触原则,因为服从规则和放弃冲动行为构成了游戏中获得最大快乐的路径。

游戏持续要求儿童去抵制即时冲动。在每个阶段,儿童都要面对游戏规则和如果能自发行动时想做的事之间的冲突。在游戏中,儿童所作所为与自己想做的相反。在游戏中,儿童出现了最强的自我控制。当他放弃游戏中的直接诱惑时(如糖果,游戏的规则禁止他吃糖果,因为糖果在游戏中代表不能吃的东西)就显示了其最强的自制力。通常,儿童在放弃想的东西时经历了对规则的屈服,但在这里的服从规则和放弃即时冲动的行为是为了使快乐最大化。

因此,游戏的基本属性是一种已经变成欲望的规则。斯宾诺莎

(Spinoza)所谓"一种已经变成欲望的观念，一个转变成激情的概念"可在游戏中找到其原型，它代表自发和自由的王国。执行规则就是快乐的源泉。规则占上风的原因在于规则乃最有力的冲动。如同皮亚杰所【100】说的，这样的规则是内在规则，是自我约束和自我抉择的规则，而不是儿童像遵守自然法则那样遵守的规则。总而言之，游戏赋予儿童一种新的欲望形式，它使儿童学会将自己的欲望与虚拟的"我"联系起来，将他在游戏中的角色与游戏规则联系起来。通过这种方式，儿童可能在游戏中获得最好的成绩，这些成绩将成为儿童未来真实行动和道德的基本水平。

分离动作和意义

现在我们可以像讨论客体一样讨论儿童的动作。我们不仅有$\frac{客体}{意义}$，还有$\frac{动作}{意义}$。当动作在早期成长中占主导地位时，此结构被倒转，意义成为分子，动作成为分母。

学龄前儿童最开始是动作主导，对意义的理解也不完全。儿童能做的比他能理解的更多。但正是在这个年龄段，首次出现动作的结构，意义是其决定因素，尽管意义必然会在动作的结构特性所提供的限制中影响儿童的行为。儿童在玩从碟子中吃东西的游戏时，有人教他们用双手假装吃东西(就像真的在吃东西那样)，尽管所有动作都可能表示吃。用缩手的动作替代伸手(伸向盘子)是不可能的，因为这种行为会对游戏造成破坏。儿童在游戏中并不是单纯地进行象征性动作，他希望通过经验现实的基本范畴来实现愿望。儿童在期望之中实现了愿望。儿童一边想，一边做。内部动作和外部动作是不可分割的：想象、解释和意愿都是通过外部动作实现的内部过程。我们所说的将意义从客体分离的一切同样适用于儿童自身的动作。踩地的小孩想象自己正在骑马，因此，$\frac{动作}{意义}$ 倒转为 $\frac{意义}{动作}$。

意义和动作关系的发展历史与 $\frac{意义}{客体}$ 关系的发展历史类似。为将动作的意义从真实动作分离(骑马，但是没有机会骑马)，儿童以一个动【101】作的形式获得了支点，以替代真实活动。动作最开始在 $\frac{动作}{意义}$ 结构中是分子，现在这一结构倒转了，意义成为分子。动作退至第二位，成为支点；意义再次通过不同动作的方式从动作中分离。这是人类行为依赖基于意义的操作的另一实例，在这里，激发行为的动机与实现行为全然分离。但是，意义与客体的分离和意义与动作的分离产生的结果不同。就像根据事物的意义操作可以产生抽象思维，我们发现当儿童根据动作的意义操作时，意志力也就开始发展(一种有意识进行选择的能力)。在游戏中，一个动作替代另一个动作就像一个客体替代另一个客体那样。

儿童如何从一个客体到另一个客体，从一种动作到另一种动作呢？这是由意义领域的运动(movement)实现的，意义令所有真实的客体及动作居于次要地位。行为不会被即时的感知领域所约束。意义领域的运动在游戏中具有主导作用。一方面，它代表抽象领域的运动(因此，它先于有意义的自主操作出现在游戏中）；另一方面，运动的方式是情境式的、具体的(它是一种情感的而非逻辑的改变)。换句话说，意义领域出现了，但意义领域中的动作还如同在现实中一样发生。这蕴含着游戏的主要发展矛盾。

结论

关于游戏的总结，首先，我要说的是，游戏并不是童年期的主要特征，却是发展过程中的主导因素。其次，我想证明的是，在游戏自身发展中从想象情境主导到规则主导这一转变的意义。最后，我想指出的是，游戏带来了儿童发展的内部转变。

游戏如何与发展关联？从根本上来说，日常生活中儿童的行为与其在游戏中的行为正好是相反的。游戏时，活动服从意义，然而在现实生活中，理所当然地，活动主导着意义。因此，将游戏作为儿童日常活动及其支配形式的原型是完全不正确的。

这是考夫卡理论的主要缺陷。[4]他把游戏看作是儿童的另一世界。【102】有关儿童的一切事情都是游戏现实，而有关成人的一切则是严肃的现实。一个既定客体在游戏中与游戏外有两种截然不同的意义。在儿童的世界里，愿望和满足愿望的逻辑而非真正的逻辑占据主导地位。这样一来，游戏的虚幻性被转移到生活当中。如果说游戏确实是儿童活动的主导形式，以上论断就都是真的。然而，一旦我们所说的活动形式真的成为儿童日常活动的主导形式，即使只有部分转移到真实生活中，这种疯狂的画面也是令人难以接受的。

考夫卡举出了若干实例来表明儿童如何把游戏中的情境转移到生活中，但将游戏行为普遍迁移到真实生活只能被认为是一种不健康的症状。在真实情境中表现出虚幻情境下的行为是精神错乱的首要症状。真实生活中的游戏行为通常也只有在儿童开始以他们实际正在做的事情为游戏的时候才能见到，很明显他们是为了使一件不愉快的行动更容易执行(如当孩子们不愿意睡觉时说："让我们做游戏吧，现在是夜晚，我们应该睡觉")。因此，在我看来游戏并不只是学龄前的一种主要活动。只有那些坚持儿童不必满足生活的基本需求而是在寻找快乐中生活的理论才可能认为儿童的世界是一个游戏世界。

从相反的角度来看，我们是否可以假设，一个儿童的行为总是受到意义的引导，学龄前儿童的行为如此枯燥，以致其并不去自发表现，仅仅是因为他觉得应当做点别的？这种严格服从于规则的关系，在现实生活中是相当不可能的，但是在游戏当中却成为可能。因此，游戏创造了儿童的最近发展区；在游戏当中，儿童的表现总是超出了他们的平均年龄，高于他的日常表现；在游戏当中就好像他比自己高出了一头。正如在放大镜的焦点上一样，游戏把所有发展倾向都包含在一个浓缩的形式里，而它本身又是发展的一个主要源头。

尽管我们可以把游戏—发展关系比作教学—发展关系，但游戏为需要和意识的改变提供了一个更宽广的背景。在想象的情境中、在富有想象力的层面采取行动；自主意愿的产生；真实生活计划和自主动机的形成——所有这一切都是在游戏中出现，并成为学龄前发展的最高水平。儿童通过游戏活动向前发展。只有在这种意义上，游戏才能【103】被认为是决定儿童发展的一种主导活动。

游戏是如何变化的？值得注意的是，孩子是从一个起初十分接近真实情境的想象情境开始的，他们复制了一个真实发生的情境。例如，儿童与玩具娃娃所玩的游戏几乎是重复母亲和他一起做的事。这意味着在最初情境中，规则以一种简明紧凑的形式起作用，想象的成分很少。这确实是一个想象的情境，但只有借助刚刚发生过的真实情境之中才能被理解。游戏更接近于实际已经发生过的某些事情的回忆，而不是想象。它更多是活动的记忆，而非新的想象情境。

随着游戏的发展，我们可以看到它在朝着有意识地实现目标的方向运动。把游戏看成是没有目的的活动是不正确的。在竞技游戏中有输有赢，在比赛中也有第一名、第二名，或者最后一名。总之，目的决定游戏并且证明活动。作为最终的目标，目的决定了儿童对游戏的情感态度。当参加一个跑步比赛时，儿童会感到非常焦虑或痛苦，并且没有丝毫快乐可言，这是因为他发现跑步带来了生理上的痛苦；如果他被别人超过，将不会体验到实际的快乐。目标是体育游戏的重要特征之一，没有这个特征，也就毫无意义——就好像检验一颗糖，把它放进口中，咀嚼，然后吐掉。在这样的游戏当中，获胜的目标是预先被认可的。

在发展的末端，规则出现了，而且规则越是严格，对儿童使用的要求就越强，对儿童活动的调控就越多，游戏也就变得越紧张和激烈。只是简单地跑来跑去而没有目的或规则约束会显得非常无聊，对儿童也无吸引力可言。结果，一些最初并未得到发展的特质开始在游戏发展的末期涌现——这些特质一开始只是次要的或偶然的，但在最后却占据了核心位置，反之亦然。

从某种意义上讲，在游戏中儿童能够自由地决定自己的行动。但是从另一种角度来看，这又只是一个虚幻的自由，因为事实上他的行动要遵从事物的意义，他只是相应地行动而已。

从发展的观点看，我们可以把创建想象情境看成发展抽象思维的一种途径。规则的相应发展导致了以规则为基础的活动，这使区分工【104】作和游戏成为可能，这种区分是学龄期要面对的一个基本事实。

正如一位研究者所表达的，对于 3 岁以下的儿童来说，游戏是非常认真的，这和它对青少年的意义是一样的，当然，认真的含义不同；对于一个年幼的儿童来说，认真意味着他在游戏时没有把假想情境从真实情境中区分出来。对于一个学龄儿童来说，游戏就成了一个有很多限制形式的活动，主要为体育活动，这类活动对学龄儿童的发展有特殊的作用，但是对于学龄前儿童就没那么有意义了。在学龄期，游戏并没有消亡，而是融入了对现实的态度。在学校教学和工作中（以规则为基础的强制性活动），游戏有其自身的内在延续性。在意义领域和视觉领域之间（也就是在想象情境和真实情境之间）创建一种新的关系，这是游戏的本质。

从表面上看，游戏与其促生的、复杂的、中介性的思维和意志毫无相似之处。只有通过深刻的内部分析才有可能弄清楚它的变化过程及其在发展中的作用。

注 释

[1] J. Sully, *Studies of Childhood* (Moscow, 1904, in Russian), p. 48.

[2] Lewin, *Dynamic Theory of Personality*, p. 96.

[3] 见 K. Goldstein, *Language and Language Disorders* (New York: Greene and Stratton, 1948).

[4] Koffka, *Growth of the Mind*, pp. 381ff.

/ 8. 书面语言的史前史 /

　　到现在为止，相比书写对儿童的文化发展所具有的举足轻重的作用，其在学校教学中所占的比例微不足道。人们认为书写教学在实践方面做得非常不够。人们教儿童如何描摹字母和词组，但却没有教他们书面语言。人们过于强调阅读的技巧，而忽略了书面语言。

　　在教聋哑儿童口头语言时，存在类似的情况。人们把注意力全部集中在字母的正确拼写与辨识发音上。在这种情况下，教聋哑儿童的教师并没有关注这些发音技巧背后的口头语言，反而导致了僵死的言语。

　　历史因素能够充分解释这种情况。尽管存在许多阅读与书写的教学方法，但实践教学法还没有创造出一套行之有效的、科学的方法来教儿童书面语言。不像口语教学，儿童能够自然生发，书面语言的教学建立在人为训练基础之上。这种训练需要对教师和学生都投入大量的注意力，付出极大的努力，这样形成某种自足的、生动活泼的、地道的书面语言。书写并非以儿童自然发展的需要和活动为根据凭空产生，而由教师之手生成。这种情形让我们联想到专业技能的发展，如弹钢琴，学生练习手指的灵巧度，一边识乐谱一边敲打琴键，但他无【106】论如何也不能融入音乐本身的精髓当中。

这种对于书写机制的单方面热忱不仅对教学实践造成了冲击，也对该问题的理论阐述产生了影响。对此，心理学家把书写设想为一种复杂的运动技能。对于诸如书面语言等问题，人们不可思议地很少给予关注；书面语言是一个关于象征和符号的特定系统，它的掌握预示着儿童整体文化发展的关键转折点。

这个系统的一个特征是二级符号象征逐渐变为直接符号象征。这也就意味着书面语言组成了一个符号系统，这些符号给口语指定了发音和词语，反过来，这些声音和词语又是真实实体和关系的符号。慢慢地，这种中间联结（口语）就逐渐消失了，书面语言转变成直接象征实体及其关系的符号系统。很显然，想依靠一种纯粹机械的、外部的方式来掌握这样一个如此复杂的符号系统是不可能的；而且，儿童复杂行为功能的发展是一个漫长的过程。只有当我们了解到儿童符号发展的整个历史及书写在这个历史中的位置，我们才能够找到一种正确的书写心理学的解决路径。

然而，书面语言的发展史给研究带来了很多困难。我们根据现有的资料可以做出这样的判断，那就是它并没有遵从单一的直线发展，维持某种形式的清晰连续性。恰恰相反，它给我们展现了最令人意想不到的变形，那就是书面语言特定形式的转换。引用鲍德温（Baldwin）对于事物发展非常恰当的一个描述：进化（evolution）和退化（involution）是同样多的。[1]这意味着，与发展、向前移动和新形式出现的过程一道，我们能够识别旧形式缩减、消亡、反向发展进程的每一步。儿童书面语言的发展史充满了这样的不连续性。其发展路线看起来就要完全消失了，但突然间，仿佛不知道从哪儿，又开始了一条新的路线，而且在一开始新旧形式之间似乎完全没有连续性。那种认为单纯进化过程的幼稚发展观仅仅涉及了细微变化的积累和不同形式的逐渐转换，掩藏了这些进程的真正本质。一般来说，这种革命性的发展类型在科【107】学上绝对不算新鲜，它只在儿童心理学算是新类型。因此，尽管之前进行了一些大胆的尝试，但儿童心理学并没有将作为历史进程的书面语言的发展，作为一个统一的发展进程给出一个令人信服的观点。

科学研究的首要任务就是要揭示儿童书面语言的史前阶段，并说明究竟是什么引导儿童书写，这个史前阶段穿越了哪些重要节点，它与学校学习有什么样的关系。目前，尽管我们做了各种各样的研究，但还是不能够就儿童的书面语言写出一部条理清楚的或者完整的历史。我们仅仅能识别出这个发展过程中的许多重要时刻并讨论其主要变化。手势是一种儿童可见的符号，而儿童书面语言的历史就是从手势的出现开始的。

手势和视觉符号

手势是最初的视觉符号，它蕴含了儿童未来的书写，就像一粒橡树籽蕴含了未来的一棵橡树。手势是在空气中书写，书面符号通常就是已经固定的简单手势。

在讨论人类历史书写的发展时，沃斯（Wurth）指出了手势和图案或象形文字之间的联系。[2] 他指出，一方面，象征性手势（figurative gestures）①通常只是简单表示图形符号的再现；另一方面，符号通常是手势的固化形式。象形书写会使用一条指示线指代食指指向固定位置。据沃斯所说，图形书写中所有这些象征意义的命名都只能从手势语言的派生来解释；尽管它们后来能够从手势语言中分离出来，并能独立行使功能。

手势在其他两个领域与书面符号的起源有关。第一个是儿童的随意涂鸦。我们在一个有关绘画的实验中发现儿童通常会切换到戏剧当中，用手势描述他们应该用图画表述的意思；铅笔标记仅仅只是这个手势描述的一个补充。我能列举出许多这样的例子。一个儿童想要描述跑步，他从用手指描述这个运动开始，继而将画在纸上的标记和点看成是跑步的表现。当他继续描述跳时，他的手开始做动作来描述跳跃，而纸上的标记仍然和原先一样。一般说来，我们倾向于将儿童第一次的绘画和涂鸦看成是手势，而不是字面意义上的绘画。我们同样也倾向于将实验证明的事实归于同样的现象：在绘画复杂的物体时，【108】儿童并不会还原各个部分，而是整体特质，如圆形的印象等。当儿童将一个圆柱描画成一个代表圆圈的封闭曲线时，他的确在描画某种圆形的东西。这个发展阶段恰恰吻合一般的动作设定，它描述了这个年龄段儿童的特征，并支配着他们第一次绘画的整个风格和本质。儿童

---

① gesture 在本章依据不同的语境译为手势、姿势、动作。——译者注

在描述一切复杂或抽象的概念时会表现出相同的行为方式。儿童不是在画画，他们在标示，他们的铅笔只是固定了指示性的姿势。当要求儿童画好天气时，他们会用手在纸的底部做一个表示地平线的动作，解释说"这是地面"，然后，经过若干令人困惑的朝上的示意动作之后说"这就是好天气"。我们已经有机会通过实验更准确地证实手势描述和绘画描述之间的紧密关系，并通过了解 5 岁儿童的手势掌握了符号和图形的描述方式。

游戏中象征的发展

手势和书面语言相联系的第二个领域是儿童的游戏。对儿童来说，一些物体能够轻而易举地表示其他物体，代替它们并成为它们的符号，而一个玩具和它所代表的物体之间的相似度并不重要。重要的是这个玩具的效用和使用它来执行表征手势的可能性。这是儿童游戏全部象征功能的关键所在。一套衣服或一块木头能在游戏中变成一个婴儿，是因为能在它们身上使用相同的手势，即用手抱住婴儿或喂养婴儿。儿童的自我运动及其姿势赋予物体符号功能与意义。所有的象征表征活动都充满了这种指示性的姿势；例如，一根棍子因为能被放在两腿之间，所以成为儿童骑的马；这个姿势传达了把这根棍子指派为一匹马的信息。

因此，从这个角度来看，通过手势来传达和表示玩具的意义，可以将儿童的象征性游戏理解为一种非常复杂的"言语"系统。只有在这些指示性手势的基础上，玩具本身才逐渐获得了它们的意义，就如同画画，虽然最初需要手势的支持，但最终成为一个独立的符号。

我们试图实验性地在儿童中建立这种客体书写（object writing）的【109】特殊阶段。研究者以一种玩笑的方式进行实验，一开始用熟悉的物体指代游戏中的事物和人。例如，用向一旁倾斜的一本书指代一所房子，钥匙意味着孩子，铅笔意味着保姆，怀表代表药店，一把刀代表一名医生，一个墨水瓶表示一辆马车，等等。然后用包含这些物体的象征性的手势给孩子们讲一个简单的故事。他们可以轻松地阅读这个故事，如医生乘坐马车来到家中，敲门，保姆打开门后，他诊断了孩子的病情，写了一张处方然后离开，保姆去药店，回来后给孩子服药。大多数三岁的孩子能轻而易举地读懂这种象征性指代，四五岁的儿童还能够读懂更复杂的指代：一个人在森林里行走，被狼攻击，狼咬了他；这名男子奔跑逃生，医生医治他，然后他去了药店，接着回家；一个猎人准备去森林捕杀这只狼。

值得注意的是，物体的视觉相似性在理解这种象征性指代的过程中没有发挥明显作用，重要的是物体承载相应的手势并可以发挥应用功能。因此，无法履行这种手势结构的事物绝对不会被孩子接受。例如，在一张桌子上进行的游戏中，桌子上放置了一些小物件，如果我们抓住他们的手指放在一本书上，说："现在，开个玩笑，把它们当作小孩子。"孩子们绝对会拒绝，认为没有这样的游戏。手指跟他们的身体联系太紧密了，他们没法将手指当作一个对应指代性手势的客体。同理，房间里的家具或者游戏中的人也不能参与。客体本身执行一种替代功能：一支铅笔替代一名保姆或一家药店的看守员，但只有相应的手势才能为它们赋予含义。然而，在手势的影响下，年龄较大的儿童开始有一个至关重要的发现：客体可以表示它们标示的事物，并且还能作为它们的替代物。例如，当我们用一个黑色封面盖住一本书并说这是一片森林，一个孩子自发地补充一句，"是的，它是一片森林，因为它又黑又暗"。这样，他将客体的一个特征分离出来，对于这个孩子来说，那种特征是一个标志，代表书意味着森林。以同样的方式，当金属墨水瓶盖指代一辆马车时，一个孩子会指着说："这里是座位。"【110】当怀表指代药店时，一个孩子可能指着正面的数字说："这是药店里的药。"另一个孩子可能指着圆环说："这是入口。"用瓶子代表狼的时候，一个孩子会指着瓶颈说："这是它的嘴。"如果实验者指着瓶塞问："那是什么?"孩子回答："它抓住了塞子，用牙齿咬住。"

在所有这些例子中，我们看到同样的事情，即事物的习惯结构在其获得的新意义的影响下被改变。在怀表指代药店的情境中，怀表的一个特征被分离出来，并且假定为新符号的一个功能，用药物或者入口的特征作为怀表指代药店的方式。事物(瓶塞)的习惯性结构在新结构中(狼用牙齿咬住瓶塞)得到反映，这一结构的调整有时如此强烈，以至于在一些实验中我们需要给孩子们灌输某个物体的特定象征意义。例如，怀表在我们所有游戏环节中表示药店，而其他物体的意义变化得快速又频繁。在玩一个新游戏的时候，我们需要放下同样这块表，并且按照新程序对其进行解说，"现在，这是一间面包店"。一个孩子立即用一支笔在怀表上画一道线，将它分成两半，并且指着一半说：

"好吧，这是药店，这是面包店。"旧的意义独立了，作为一种新意义发挥功能。我们也能够分辨出游戏之外独立意义的获取；如果一把刀滑落了，一个孩子可能疾呼，"医生摔到了"。因此，客体获得了其自身发展史的符号功能，现在独立于孩子的手势。这是二阶象征，并且因为它发展于游戏，我们看到假装游戏作为一个二阶象征成为了书面语言的主要贡献者。

绘画与游戏类似，意义的表征起初产生于一阶象征。正如我们已经指出的，第一次绘画产生于(拿着铅笔)手的手势，同时这个手势构成意义的首次表征，在这之后图形表征才开始独立表示一些客体。这一关系的本质是，纸上的标志都被给予了相应的命名。

赫策尔(H. Hetzer)开始实验研究事物的符号表征在 3～6 岁小孩之间如何发展，符号表征在学习书写时非常重要。[3] 她的实验涉及四个基本系列。第一个系列调查了儿童游戏中象征的功能。在游戏中孩子【111】们要描绘一位父亲或母亲在一天中做的事情。玩游戏时，要给特定物品一个假想的解释，使得研究人员能够在游戏里追踪给事物指定的象征功能。第二个系列关于建立材料，第三个系列关于用彩色铅笔绘画。要特别注意的是，所有实验都是建立在相应的意义已被命名好的前提下。第四个系列是以邮局游戏的形式调查孩子能够在多大程度上感知符号纯粹的任意组合。游戏中使用不同颜色的纸张表示不同类型的信件：电报、报纸、汇票、包裹、信件、明信片等。因此，实验明确地与不同形式的活动关联起来，这些活动唯一的共同特点是：所有实验都包含象征功能，并试图将它们与书面语言的发展联系起来，正如我们实验中所做的那样。

赫策尔的研究清晰地显示出，游戏中的哪些象征意义是通过比喻的手势出现，哪些是通过词语出现。孩子的自我中心语言在这些游戏中显现无遗。然而某些孩子只使用动作和模仿来描述一切事物，却从不将语言作为一种象征资源来使用；而其他的孩子则会边做动作边口头表述：一边说，一边做。对于第三组儿童，那些没有任何动作辅助的纯粹口头表达开始占据主导地位。最后，第四组的孩子根本不玩游戏，语言成为其表征的唯一形式，模仿和手势逐渐消失了。纯粹运用动作的比例随着年龄的增长而降低，语言逐渐占主导。正如作者所说，从这一发展性研究中得出的最重要的结论是：3 岁儿童和 6 岁儿童游戏之间的区别，不在于符号的感知，而在于所使用的各种表征形式。我们认为，这是一个非常重要的结论，它表明：符号表征在早期阶段的游戏中本质上是一种特殊的言语形式，直接导致了书面语言。

随着发展的进行，命名的一般过程变得离最初的过程相去甚远，至此，这个过程本身相当于刚被命名的词语的书写。即使 3 岁的孩子也能了解一个玩具构造的表征功能，4 岁的孩子甚至会在构造之前为他的创作命名。类似地，我们从绘画中看出，3 岁的孩子仍然意识不【112】到一件绘画作品的象征意义，只有到了 7 岁左右，所有的孩子才能对其完全掌握。与此同时，对儿童绘画的分析明确揭示，从心理学角度来看，我们应该把这样的绘画作为儿童的一种特殊言语。

绘画中象征的发展

布勒(K. Buhler)正确地指出，当儿童的口头语言已经获得很大进步并成为习惯时，绘画开始出现。[4]他接着说，在一般情况下，言语依据其规律主导并塑造了大部分的内在生活，其中包括绘画。

孩子最初根据记忆绘画。如果让他们画坐在对面的妈妈或者摆在眼前的事物，他们绘画的时候甚至不用抬头看原物——他们画的不是自己看到的，而是自己知道的，孩子的绘画通常无视并且直接背离对客体的实际知觉。我们发现了布勒所说的"X 射线绘画"。一个孩子画一个穿着衣服的人，同时就会包括他的腿、肚子、口袋里的钱包，甚至钱包里的钱。也就是说，他会画出他知道的东西，而不是根据他看到的情况。在画一个侧面的人物形象时，孩子可能会加上第二只眼睛或给骑马人增加第二条腿。最后，人物最重要的部分可能被省略，如一个孩子画的腿，直接从头部长出来，省略了脖子和躯干，或将人物独立的部位结合在一起。

正如萨利所揭示的，孩子们并不努力去表征；与自然主义者相比，他们更像是象征主义者，不关心完整性和精确的相似性，只想做出最表面的显现。[5]我们不能假设孩子对成人的认识跟他们的描绘一样差；相反，他们更愿意试图为绘画命名以及指定而不是表征。在这个年龄，孩子的记忆力没有止步于对表征形象的简单描绘，相反，它倾向言语赋予的判断。我们看到一个孩子在绘画时敞开了他的记忆库，他在言语状态——讲故事的时候也是这样。这个状态的主要特征是一定程度的抽象，这必然涉及语言表征。因此，我们可以看到，绘画是一种以言语为基础的图像言语。区分孩子第一次绘画的模式让人在某种意义上联想到表达客体基本特征的那些语言概念，这有理由让我们将孩子【113】的绘画作为书面语言发展的初级阶段。

　　然而，儿童绘画的进一步发展并不是某种自我理解的、纯粹机械的事情。这是从在纸上做简单的标记转换到用铅笔标记符号来描述或寓意某事的关键时刻。所有的心理学家一致认为，孩子一定发现了他所画的线条能够代表什么。萨利举例说明了这个发现，一个孩子随意画了一个没有任何含义的螺旋线，突然他抓住了某一相似性，兴高采烈地叫道："烟，烟!"

　　正如观察报告显示的那样，虽然这种认识自己绘画内容的过程发生在童年早期，但这不能等同于发现了象征功能。最初，即使孩子在绘画作品中感知到相似性，他也只会把这幅画视为一个相似和同类的物体，而不会将其视为物体的表征或符号。

　　当一个女孩展示出一幅她的玩偶画像并喊道："这个娃娃就像我的一样!"可能在她脑子中出现的是另外一个与她的玩偶类似的物体。赫策尔认为，没有任何证据能使我们认为，意识到画作与某个物体的相同便同时意味着理解了画作是这个物体的表征。对于那个女孩来说，那幅画作并不是她的玩偶的表征，而是另一个和她的玩偶很像的玩偶。证明这一说法的事实是，很长时间以来，孩子都将画作看成物体。例如，当看到一张图画显示一个男孩的背部时，孩子们会将纸翻转过来，试图看他的脸。甚至在 5 岁大的孩子当中，我们也能经常观察到，在回答"他的脸和鼻子在哪儿"这个问题的时候，孩子们会翻转画作，只有这样，才回答："不在这，没有画在上面。"

我们认为，赫策尔的论断是有根据的，初级的符号表征应归因于言语，并且其他符号系统也是在言语的基础上建立的。事实上，从儿童开始为一幅画命名的那一刻开始，这一系列的连续变化也成为言语影响儿童绘画发展的有力证据。

在一个实验中，我们要求儿童用象征的方式描述复杂程度不同的词组，从而观察到孩子的绘画怎样变成实际的书面语言。这些实验清楚地显示了学龄儿童从纯粹的象形文字转变为表意文字的趋势，即用【114】抽象符号表征个体的关系和意义。我们在一个学龄期孩子身上观察到言语对书写的支配性，他写的短语单词就像一幅独立的绘画一样。例如，"我没有看到羊，但它们在那里"这句话是以如下方式记录的：一个人的形象（"我"），蒙上眼睛的同一个人（"没看到"），两只羊（"羊"），一根食指和可以从后面看见羊的几棵树（"但是，它们在这里"）。"我尊重你"则呈现如下：一个人头（"我"），两个人物形象，其中一个人手中拿着帽子（"尊重"）和另一个人头（"你"）。

因此，我们看到绘画如何遵循短语，以及口头语言如何干扰孩子的绘画。在这个过程中，孩子必须真正发现一种恰当的表征模式，同时我们得以看到这对孩子的书写和绘画起着决定性作用。

书写中的象征

与我们的总体研究相关联，鲁利亚潜心研究书写中象征出现的时刻，以便于开展系统研究。[6]在他的实验中，不能进行书写的孩子会面临一个任务，即制作一些形式简单的记号。实验要求孩子们记住一定数量的短句，其数量远远超出了孩子们的自然记忆能力。当孩子确信自己并不能全部记下来时，就会给他一张纸，让他以某种方式把这些词语做标记或记录下来。

通常情况下，孩子们会被这一建议弄糊涂，说他们不能写，但实验者会给孩子们提供一定的程序，并且检查孩子能够掌握的程度，以及在多大程度上铅笔标记不再只是简单的玩具而成为回忆相应短句的符号。在3~4岁阶段，孩子们的标记无助于回忆短句；回忆时他们都不看那张纸。但我们偶尔会看到一些与普通观察迥然不同的惊人情况。在这种情况下，孩子们会画出一些无意义、未分化的潦草字迹和线条，但当他重新造出短句时，他好像在阅读一样，反复提及一些特定的特殊标记，无误地指出哪个标记象征哪个短句。一个全新的关系在这些【115】标记和自我强化活动中产生，这些标记第一次成为记忆的符号。例如，儿童将不同的标记置放在纸的不同部位，以此方式将每个标记与某一短语联系起来。一种特点鲜明的地形学出现了，角落的某一标记意味着一头母牛，另一个较为靠上的标记意味着烟囱清洁工。因此，这些标记成为以记忆为目的的原始指示符号。

　　我们完全可以证明在此记忆阶段看到了未来书写的先兆。孩子们逐渐转化这些未分化的标记。指示符号、象征标记以及涂鸦被小的数字和图片所替代，而这反过来又让步于符号。实验者不仅能够描述发现这一过程的时刻，同样能跟踪这个过程怎样作为某些因素的功能而发生。例如，将内容和形状因素引入短句首先打破了标记的无意义性质。如果将数目因素引入材料，我们可以立即唤起一个反映这个数目的标记，即使是在 4～5 岁时（这是记录数目的需要，或许是历史上的首次书写）。以同样的方式，在研究中引入色彩和形式的因素，有利于孩子发现书写的原则。举例来说，如"像黑色一样""黑烟从烟囱中冒出来""冬季有白色的雪""一个长尾巴的老鼠"，或"丽雅莉亚有两只眼睛和一个鼻子"等短句迅速引起孩子将作为指示手势功能的书写转换为包含表征雏形的书写。

　　很容易看到，书面符号在这一点上完全是一阶象征，直接表示客体或动作；儿童尚未达到二阶象征，即为了词语的口头符号而生成书写符号。为此，孩子有了一个基本的发现，那就是一个人不仅可以根据事物作画，而且可以根据言语画画。正是这一发现使得人类产生了利用单词与字母进行书写的聪明方法，儿童因此可以用字母书写。从教育学角度看，这一转变是由儿童从画事物到画语言的转变安排的。我们很难阐明这一转变是如何发生的，相关的研究还没有得出明确的结论，书写教学的常用方法无法对此进行观察。只有一件事是可以确定的，儿童书面语言的发展趋势是从画物体到画画词汇。书写教学的不同方法以不同方式证明了这一结论。许多人使用辅助性的手势作为

【116】联结书面语言和口头语言符号的手段，另一些人借助作画描述相关的物体。书面语言教学的所有秘密就在于恰当地准备和组织这一自然过渡。一旦实现，孩子就能掌握书面语言的规则，并且接下来会让这一方法不断完善。

　　基于当前心理学知识的现状，我们的论点，即假装游戏、绘画和书写可以被视为书面语言发展的统一过程的不同时刻的看法似乎会显得过于夸张。从一个行为模式到另一个行为模式的不连续性和跨度太大，使得其关系看上去并不明显。但实验和心理分析带领我们得出这一结论。这些数据表明，无论书面语言的发展过程看上去有多么复杂，或多么不稳定、脱节，表面看上去多么令人困惑，事实上存在一个统一的历史线索导致书面语言出现更高级的形式。这里提到的更高级的形式，涉及书面语言从二阶象征到一阶象征的回归。作为二阶象征，书面符号起到为口头语言命名的作用。对书面语言的理解首先会受到口头语言的影响，但这个路径逐步被弱化，口头语言作为中间环节渐渐消失。从这些现有证据可以判定，书面语言变成了直接的符号，能按照与口头语言相同的方式被感知。我们只需要尽力想象儿童文化发展中的巨大变化，这种变化是掌握了书面语言、阅读能力并意识到人类的聪明才智在书面语言领域所创造的一切的结果。

实践应用

　　通过对儿童书面语言的整体发展历史进行完整回顾，我们自然得出三个极其重要的实践结论。

首先，从我们的角度来看，将书写教学转换到学龄前期是很自然的。事实上，如果年幼儿童能够发现书写的象征功能，正如赫策尔的实验揭示的那样，书写教学应该作为学前教育的责任。实际上，我们看到大量情况显示苏联的书写教学从心理学的角度上来说，明显进行【117】得太晚。与此同时，我们知道，阅读和书写教学在大多数欧美国家一般从 6 岁开始。

赫策尔的研究表明，80％的 3 岁儿童能掌握符号和意义的任意组合，而几乎所有 6 岁的孩子都有这种操作能力。在其观察的基础上，人们可以得出这样的结论：3～6 岁儿童的发展与其说涉及的是任意符号的掌握，不如说它包含了儿童注意力和记忆力的进步。因此，赫策尔主张尽早开始阅读教学。可以肯定的是，她忽略了书写是二阶符号的事实，她所研究的是一阶符号。

波特(Burt)报告指出，尽管英国 5 岁开始义务教育，但只要有足够的教室，3～5 岁的孩子都允许入校，教他们学习字母。[7]绝大多数的孩子在 4.5 岁时能够阅读，蒙台梭利(Montessori)尤其倾向于在儿童早期开展阅读和书写教学。[8]在游戏的过程中，一般是通过预备练习，她在意大利开办的幼儿园的所有孩子 4 岁时开始书写，并在 5 岁时能同一年级学生一样进行阅读。

但蒙台梭利的例子恰恰表明实际情况比乍一看表现出来的更复杂。如果我们暂时忽略孩子们所写字母的正确性和优美程度，而专注于他们写的内容，就会发现如下的信息，"祝沙拉酱工程师和蒙台梭利校长复活节快乐。向班主任、老师和蒙台梭利博士致以美好祝愿。儿童之家，卡帕尼亚(Campania)"，诸如此类。我们不否认对学前儿童开展阅读教学和书写教学的可能性，甚至认为让一个能够读写的年纪较小的孩子进入学校是可取的，但教学应该组织有实际意义的阅读和写作。如果它们只用来写对教工的正式问候或教师想出的什么内容(并且明显暗示了他们)，那么练习就变成纯粹的机械运动，并可能很快让孩子感到厌倦；他的活动无法体现在书写之中，他刚刚萌发的个性无法得到成长。阅读和写作一定是孩子需要的某种东西。这里我们有许多生动的例子，揭示了出现在书写教学中的基本矛盾，那就是书写被作为一【118】项运动技能进行教学，而不是作为复杂的文化活动，这些例子不仅出现在蒙台梭利的学校，同时还出现在大多数其他学校。因此，对学龄前儿童进行书写教学必然导致第二个要求：书写必须"与生活相关"——同样，我们需要对这个"相关"进行计算。

其次，写作对于孩子来说应该是有意义的，应当唤起孩子的内在需要，将写作整合进与生活相关并且必要的任务。只有这样，我们才能确定它不会作为手与手指的习惯而发展，而是作为一种真正新的复杂言语形式去发展。

最后，我们正在努力促使其成为一种实用的结论，就是要求自然地教授书写。在这方面，蒙台梭利做了大量工作。她指出，可以在儿童游戏之中参与进书写的运动维度，应当去"培养"(cultivated)而不是"强制"(imposed)书写。她为书写发展提供了一个良好的激励方法。

按照这个思路，一个孩子在其发展的自然时刻中进入了书写，而不是通过外部训练。蒙台梭利表明，幼儿园是阅读和书写教学的适宜环境，这就意味着，最好的方法不是让孩子去学习阅读和书写，而是在游戏的情境中发现这些技能。对于这一点，有必要让字母成为儿童生活的元素，言语也同样如此。同理，当孩子学习说话时，他们应该能够学习读与写。读写教学的自然方法涉及儿童在环境中的恰当操作。在游戏中也必须有读和写。蒙台梭利关于这一技能的动作探索，与书面语言的内部维度及其功能同化有关。当然，也有必要让孩子从内心理解书写，书写应该成为一种有组织的发展而不仅仅是学习。在此，我们表明了一条极为普遍的思路：对蒙台梭利来说，手工劳动与画线的掌握是发展书写技能的预备性练习，依据同样的方式画画和游戏是儿童书面语言发展的预备性阶段。教育工作者应组织所有这些活动，促进书面语言从一种模式向另一种模式转化的整个复杂过程。他们在发现孩子们不仅能临摹物品，还能根据言语绘画的关键时刻就应该遵【119】循这一点。如果我们希望总结所有这些实际要求，并归纳为一条，那就是：应该教给孩子们的是书面语言，而不仅仅是字母的书写。

注　释

［1］J. M. Baldwin, *Mental Development in the Child and the Race* (New York, 1895; Russian ed. , 1912).

［2］Wurth (reference not available).

［3］H. Hetzer, *Die Symbolische Darstelling in der fruhen Windhert*, (Vienna: Deutscher Verlag für Jugend und Volk, 1926), p. 32.

[4] K. Buhler, *Mental Development of the Child*.

[5] J. Sully, *Studies of Childhood* (London, 1895).

[6] A. R. Luria, "Materials on the Development of Writing in Children," *Problemi, Marksistkogo Vospitaniya*, I(1929) : 143—176.

[7] C. Burt, *Distribution of Educational Abilities* (London: P. S. King and Sons, 1917).

[8] M. Montessori, *Spontaneous Activity in Education* (New York: Schocken, 1965).

世界不是既成事物的集合体，而是过程的集合体。这一基本观点认为，表面上看起来稳定的物体，正如它们在我们头脑中的影像（我们的概念）一样，经历着不断的变化。

在辩证哲学面前，除了发生和消灭、无止境地由低级上升到高级的不断的过程，什么都不存在。它本身也不过是这一过程在思维着的头脑中的反映而已。

——弗里德里希·冯·恩格斯，

《路德维希·费尔巴哈和德国古典哲学的终结》

/后记/

维拉·约翰-斯坦纳(Vera John-Steiner)
埃伦·苏伯曼(Ellen Souberman)

【121】　　在这篇文章中，我们希望强调维果茨基的几个主要理论假设，尤其那些可能是当代心理学研究源泉的内容。对本卷手稿与演讲稿研究数年后，我们认识到当维果茨基探索不同现象，如记忆、内部言语和游戏时，他的理论主要是归纳性的，并处于建构之中。在编辑维果茨基手稿准备这本文集时，我们的目的是系统探索那些对我们的人格与智性有重大影响的概念。

　　作为读者，我们发现，内化维果茨基观点的结果本身就是动态的。首先，对维果茨基思想日益增加的熟悉有助于一个人超越当代心理学著述的两极化，他为那些对传统的行为主义论与先天论之争不满意的人提供了一个开辟新的心理学思维和研究的模式。对某些读者来说，维果茨基似乎代表着一种调和观点，但仔细阅读后会发现他重点强调构成人类成长的复杂转换，对此的理解需要读者积极参与。

　　对维果茨基来说，发展不仅仅是单一变化的缓慢积累，正像他所写的那样，"这是一个复杂的辩证过程，具有周期性、不同功能发展的不平衡性，包含了变形，或者一种形式向另一种形式的质的转换，外部因素和内部因素的相互交织以及适应过程"（详情见第5章）。确实，【122】在此意义上，他关于个人历史的观点和文化历史的观点是类似的。在这两种情况下维果茨基都反对线性发展的概念，而是将进化的和革命的改变整合进其概念之中。对他来说，对这两个相互关联的发展形式的重新认识是科学思想的必要组成部分。

要对一个辩证的变化过程概念化是很不容易的，因此，直到我们试图将自己的研究与他的开创性思想结合起来的时候，才发现维果茨基的概念并没有充分发挥其影响力。[1]我们需要通过反复拓展其浓缩而有力的概念，并将这些概念应用到我们的研究与对人类行为的日常观察中。由于维果茨基晚年的生活境遇，其作品具有一定的晦涩性，我们需要深入研究其最重要的概念。通过这种方式，我们遴选出了一些原创性的、在他死后40年仍然能够为心理学与教育提供新的和未实现愿景的观点。

发展的概念

本书的每一章都是按照维果茨基的构想来讨论个体的发展变化。虽然他明确提出了明显不同于当时一些影响较大的学者（如桑代克、皮亚杰、考夫卡等人）的理论观点，但仍不断地回溯并分析他们的思想以充实和形成自己的理论。同时代的学者也强调发展的问题，但维果茨基的路径明显不同于他们，他聚焦于人类心理的历史塑造和文化传承，他的分析也不同于早期的行为主义者。维果茨基写道：

> 尽管巨大的进步可归因于行为主义的方法论，然而，这样的
> 方法具有严重的局限性。心理学家的最大挑战就是发现和揭示蕴
> 含于复杂的人类心理中的隐藏机制。虽然行为主义的方法是客观
> 的，适合研究简单的反射活动，但很明显，当用于研究复杂心理
> 过程时失败了，依然未能揭示这些过程的内在机制。
>
> 一般来说，行为的自然主义路径没有考虑人类历史和动物历
> 史的本质差异。这种分析的衍生结果是研究人类行为时没有考虑
> 人类发展的一般历史。[2]

【123】 　　与此相反，维果茨基强调的理论取向，实质是一种方法论，重视
变化。在追踪发展变化时，他努力揭示人类自身的存在是积极的和充
满活力的参与者这一事实的心理含义，在每个发展阶段儿童都获得了
能够影响世界与自身的方法。因此，开端于婴儿期的人类掌控的一个
关键方面是辅助刺激或"人造"刺激的创造和使用；通过这样的刺激，
人类的主动介入改变了即时情境和与之相联系的反应。

　　人类创造的这些辅助刺激与已经存在的情境并没有内在关系，人
类更多是将它们作为积极适应的工具。维果茨基认为辅助性刺激非常
多样化，包括儿童生于其中的文化工具、与儿童相关的语言、儿童自
己制作的灵巧工具，以及他自己身体的使用。这类工具使用的一个最
突出例子是贫穷儿童的游戏活动，他们无法获取那些事先做好的现成

玩具，但他们可以利用身边的任何资源玩房子、火车等游戏。在发展的脉络之中对这些活动进行理论探索是本书反复出现的主题，维果茨基认为游戏是儿童文化发展的主要工具。

皮亚杰同意维果茨基对积极有机体的强调，而且他们都具有观察儿童的敏锐能力。然而，维果茨基丰富的辩证唯物主义知识提升了他的观察能力，他认为人类有机体具有高度可塑性，孩子出生于其中的环境随文化与历史而改变，他们自己最终也发生了变化。皮亚杰强调生物支持与发展的普遍阶段，维果茨基则强调不断变化的社会条件与行为的生物基础之间的相互作用。他写道："为了研究儿童的发展，必须从理解两个主要不同线路(生物和文化)的辩证统一开始。为了充分研究这个过程，实验者必须研究在儿童发展的每个阶段支配彼此交织关系的组成部分与规律。"[3]

虽然许多心理理论家，包括皮亚杰，他们的理论特征是互动论，这种路径的假设仍然缺乏完整的表述。本书所描述的某些概念为发展的互动—辩证分析提供了基础。任何发展理论的关键问题在于行为的【124】生物基础与人类活动借以发生的社会条件之间的关系。维果茨基提出了代表这一重要互动的关键概念——功能学习系统(functional learning system)。在发展这一观点的过程中，他背离了当时业已存在的心理学以及与动物行为研究密切联系的学习概念。

维果茨基和先行者一致认为，该功能系统根植于有机体最基本的适应性反应，例如，非条件反射和条件反射。然而，他的理论贡献奠基于其对这些不同过程之间关系的描述：

其特征表现为各个部分新的整合与关联。整体与部分不可分割，平行发展。我们称第一个结构为初级结构，它们是心理的整体，由生物因素所制约。第二个结构出现在文化发展过程中，称为高层次结构……在初始阶段之后是第一个结构的破坏、重建，并过渡到更高的结构类型。不同于直接的反应过程，这些后来的结构建立在符号和工具使用的基础之上；新的结构将直接适应与间接适应联结起来。[4]

维果茨基认为，在发展过程中，心理系统的出现将分散的功能联合成新的复合体。之后鲁利亚进一步阐述了这一概念，他认为整合功能中的部分和关系是在每个人的发展过程中形成的，依赖于儿童的社会经验。成人的功能系统主要是经由儿童期的先前经验形成的，与传统的认知理论(包括皮亚杰理论)相比，社会因素起着决定性作用。

在这一理论中，最根本的发展变化特征也许在于先前独立的初级功能融合进入新的功能学习系统："高级心理功能不是在初级结构之上的叠加；它们代表了新的心理系统。"这些系统是可变的，能积极适应儿童面临的特定任务和发展阶段。即使儿童用一种纯粹的外部方式进行学习，即掌握新的技能，任何新操作的学习实际上都是儿童发展过【125】程的结果并依赖儿童的发展过程。新的功能学习系统的形成过程，与身体发育成熟的过程类似，在特定的时刻某些营养物被消化吸收，其他的则不被接受。

从当代关于"营养在发展中的角色"的讨论中，产生了一个类似维果茨基的路径。伯奇(Birch)和古索(Gussow)开展了一些生理和智力发展的跨文化研究，提出了以下互动理论："任何生物体的有效环境不仅仅是他能够发现自己的客观情境，更是他独特的生物特性与客观环境所能提供的任何经验之间互动的产物。"[5]同样，维果茨基认为，在很大程度上决定人类经验的历史条件是不断变化的，不存在一个可以代表发展的内部和外部动态关系的普遍范式。因此，一个孩子的功能学习系统与另一个孩子不一定相同，尽管在发展的某些阶段有相似之处。在这里，维果茨基的分析与皮亚杰不同，皮亚杰描述了所有孩子共同的作为年龄功能的普遍阶段。

旨在把发展的生物基质同文化历史功能的研究联系在一起的观点，可能过于简化并导致误解。鲁利亚作为维果茨基的学生和合作研究者，试图阐述智人的认知进化理论的复杂心理意涵：

在历史过程中人类已经发展出了许多新的功能，这一事实并不意味着每一个功能都依赖一组新的神经细胞，高级神经功能的新"中心"似乎与19世纪最后30年间生物学家所渴望寻求的相似。新的'功能器官'的发展随着新的功能系统的形成而产生，这是脑活动无限发展的一种方式。人的大脑皮层成为一种隐藏着无限可能的文明器官，并且不需要创造新形态的器官来满足每一次历史创造新功能的需要。[6]

维果茨基论著中对社会性学习的详细阐述清晰地体现在他对中介

记忆的研究中。正是在儿童与成年人的互动过程中，年轻的学习者认同有效的记忆方式，这些方式经由那些具有较高记忆技能的人传递给他们。由于教育工作者缺少对这种社会进程的认识，没有认识到有经验的学习者可以通过许多方法与缺少经验的学习者分享他的知识，这就限制了许多学生的智力发展。他们的能力被认为是由生物因素决定的，而不是由社会促进的。除了这些关于记忆的研究之外（第 3 章），维果茨基还通过考察儿童的游戏探索了社会和文化经验的作用（第 7 章）。在游戏中，儿童不仅依赖这些社会产物和特定环境下可能的行为方式，也会富于想象地改变它们。本书曾呈现的一个主题是马克思主义有关历史决定人类心理的观点。在一些没有译成英文的其他著作中，维果茨基进一步明确了他的基本假设，即高级心理功能是社会形成和文化传递的："如果改变了儿童可以利用的思维工具，那么他的心智将会具有一个完全不同的结构。"[7]

通过符号，儿童可以最大程度地内化从社会获得的适应性社会手段。对于维果茨基来说，发展的本质就是儿童不断提高的控制和引导自己行为的能力，这一能力的形成是通过新的心理形式和功能的发展以及符号和工具的使用实现的。年龄稍大的儿童通过将社会加工符号（如社会价值和信念、文化知识的积累、对现实概念的科学扩展）整合进自己的意识来拓宽他们理解的疆界。

在《思维与语言》一书中，维果茨基提出了一个复杂论点：作为阐明和反映经验的特定工具，语言是一个既高度个人化，同时又极具社会性的人类过程。他把个人和社会之间的关系视为一个辩证的过程，就像一条河和它的支流一样，结合并区分了人类生活的不同元素。对他而言，个人和社会从不是僵硬的两极。

到目前为止儿童发展中最重要的符号使用行为是人类言语。通过言语，儿童从许多方面解放了环境对自己的即时限制。他们为未来的活动做准备；计划、命令和控制自己与他人的行为。言语也是符号使用的一个很好的例子，一旦经过内化，就成为高级心理过程中一个无处不在、影响深远的部分。语言组织、统一、整合了儿童行为的不同方面，如知觉、记忆和问题解决(第4章)。维果茨基为当代读者提供了一种挑战的途【127】径去处理那些时常争议的问题，即公开的和隐蔽的过程之间的关系。

正如词汇、工具和非言语符号为学习者们提供了一定的方法，从而使他们的适应和解决问题过程变得更为有效，维果茨基常常引用来自非工业社会的例子说明人类适应的不同手段：

> 数手指曾经是人类一个重要的文化胜利。它在瞬时数量知觉和计数之间搭建了一座桥梁。因此，新几内亚的帕博斯人用他们左手的小拇指开始数数，接下来利用剩下的左手手指，然后加上右手、前臂、手肘、肩膀、右肩如此下去，以右手的小拇指结束。当这些还不够时，他们经常使用另一个人的手指或者脚趾、棍子、贝壳或其他一些小的便于携带的物品。在早期的计数系统中，我们可以以成熟和积极的形式观察到同一过程在儿童算术推理发展中呈现出来的初级形式。
>
> 同样地，结绳记事以防忘记与日常生活的心理学相关。一个

人一定要记住某些事情，满足一些需求，做这做那，捡起一些东西。由于不相信他的记忆也不愿由着它去，他常常在手帕上打个结或用相似的方法，如将一小片纸粘贴在他的怀表盖下面。之后，所打的结提醒他去做要做的事。这种方法经常有效地被运用。

对于动物来说，这种操作是不可思议和不可能的。引入记忆的人造辅助工具，以及积极创造和使用刺激作为记忆工具，通过这些事实我们看见了一个新的、特殊的人类行为特征。[8]

工具和符号的使用共有一些重要的特性，两者都涉及中介活动。但它们彼此也存在差异：根据维果茨基的见解，符号是内部导向的，心理影响的方式旨在控制自己；另一方面，工具则是外部导向的，旨在控制和战胜自然。对符号和工具的区分例证了维果茨基对于人类经验交织在一起的差异性与共性进行分析的优秀能力。其他一些例子则可见于思维和语言、直接记忆和间接记忆，从更广泛的范围来讲还包括生物和文化、个体和社会。

维果茨基用简洁的段落描述了两阶段的心理转变，揭示了儿童将【128】社会经验内化的方法，还描述了一种贯穿整个生命全程的动态性："儿童文化发展的每种功能都会在两种水平上出现两次。首先是社会水平，之后是心理水平；首先是在人与人之间，作为一种心理间（interpsychological）范畴，之后是在儿童内部，作为一种心理内（intrapsychological）范畴。这同样适用于有意注意、逻辑记忆和概念形成。人类个体之间的真实关系是所有高级功能的基础。"（第 4 章）在婴儿生命最初的几个月内周围的环境是混乱的，他的父母通过指示和带他接触具有适应意义的物体(玩具、冰箱、黑板、玩具笔)来帮助他，以忽略其他不相干的环境特征(成年人的物品，如书、工具等)。这种经社会中介的注意提高了儿童的独立和有意注意，他将使用其区分周围的环境。

众所周知，华生将思维描述成"无声的语言"，相比之下，维果茨基在《思维与语言》一书中，描述了成长中的儿童如何内化社会语言，使之个人化，以及认知的这两个方面如何从起初的彼此独立走向后来的联合："到某个特定的时间点之前，这两条不同的路线彼此相互独立……在某个时间点，这两条线相交了，于是思维变成了口语言语和理性言语。"(p. 44)通过这种方法，维果茨基证明了将相关的功能定义为不同过程的统一(而不是相同的)这一概念的有效性。

我们相信人类发展概念的各种阐述对于当代心理研究是有价值的。尽管维果茨基把研究精力主要集中在儿童研究上，但把这位伟大的苏联心理学家视为研究儿童发展的学者是错误的。他强调对于发展的研究是因为他相信这是阐明复杂的人类过程必需的基本理论和方法论，这一人类心理学视角将他和当代的许多学者区分开来。对于他来说，发展心理学和基本的心理需求之间是没有真正区别的。此外，他认识到抽象的理论不足以捕捉到改变的关键时刻；研究者一定要成为敏锐的观察者，观察儿童的游戏、他们在学习中的努力以及他们对教学的反应。维果茨基实验的精妙则是他同时作为观察者和实验者所具有的技能和兴趣的产物。

【129】教育启示

通过本书维果茨基探索了人类生活的不同维度。他从不认为人类历史的发展同个人成长阶段是等同的，因为他反对重演生物起源论。他关心的是人类活动改变自然和社会的结果。尽管男人和女人改变世界的劳动植根于他们所处时代的物质条件，也受到了他们从过去学习以及对未来想象和计划能力的影响。人类这些特殊能力在刚出生时并不具有，但3岁的孩子已经可以体验到只有在未来才可以实现的愿望与立即能够满足的要求之间的张力。通过游戏，这一矛盾得以探求并暂时得到解决。维果茨基将人类想象力的开端放在了3岁，"想象力是一种新的结构，在非常幼小孩子的意识中是不存在的，在动物中完全缺失，它代表了人类独特的意识活动形式。像所有意识的功能一样，它起初源于活动。儿童的游戏是活动中的想象，我们可以将这一谚语反过来说：青少年和学龄儿童的想象是没有活动的游戏"（第7章）。

在游戏中，儿童将自身投身到成人的文化活动，预演他们将来的角色和价值观。因此，游戏是先于发展的，儿童以这种方式获得参与社会所必需的动机、技能和态度，只有借助同龄人和年长者的帮助才可能完全实现。

在学龄前和学龄期，儿童的概念能力通过游戏和想象的使用得到延展。在各种游戏过程中，他们掌握并发明规则，或者正如维果茨基所说的："在游戏中儿童的表现总是在他的平均年龄之上，在他的日常行为之上，在游戏中他好像比自己高出了一个头。"(第 7 章)当他们在文化活动中模仿年长者时，孩子们获得了智力发展的机会。起初，他们的游戏是回忆和再现真实的情境；但通过想象的驱动和对游戏中控制活动的潜在规则的重新认识，儿童初步掌握了抽象思维。在这种意义上，维果茨基提出游戏引导发展这一思想。

同样，学校教育和学习先于儿童的认知发展。维果茨基假设学校【130】教育和游戏之间的平行关系：两者都创造了一个"最近发展区"(第 6 章和第 7 章)；在这两种情况下，儿童精心加工了他们即将内化的社会技能与知识。在游戏中，儿童生活的所有方面都可以成为游戏的主题，而在学校中所教授的内容和经过特殊训练的教育者的角色都是精心安排的，并且更为聚焦。

在一篇关于维果茨基的心理学思想的文章中，列昂捷夫和鲁利亚总结了课堂教育的一些具体特征：

> 学校教育与广义上的教育有本质的不同。在学校，孩子面临一个特定的任务：掌握科学学习的基础知识，即科学概念的系统。
>
> 在接受学校教育的过程中，儿童从他们自身掌握的复杂概括和意义出发；与其说他从此前行，不如说他在此基础上寻求新的途径，通过理智的分析、比较、统一并且建立合乎逻辑的关系。他推理，遵循给定的解释，再创新，逻辑操作代代相传。早期的概念在儿童生活中已经形成，并由和谐的社会环境(维果茨基称它们为"日常"或者"自发的"概念，自发的意义可以从任何旨在掌控

它们的过程中形成）提供帮助，早期概念现在转变成了一种新的过
程，对世界的新的认知关系，在这个过程中儿童的概念发生了转
换并且结构也改变了。现在，在儿童意识的发展中，对于概念的
科学系统基础的掌握占据了主导作用。[9]

在维果茨基的一生中，他和鲁利亚致力于开展旨在考察社会急剧
变化的认知结果和学校教育的特定影响的研究。[10] 另外，他的研究还
包括丧失读写能力的人的认知发展，以及十月革命带来的教育和社会
其他方面的转型。这些研究影响了许多当代教育者，他们的国家正在
经历快速的现代化和城市化。甚至在公立教育概念提出两个世纪之久
的美国，由于许多人没有融入或受益于大众教育而出现类似的问题。
维果茨基关心的某些问题在今天仍然存在，如公立教育的期限以及范
围，使用标准化测验评估儿童的教育潜能，以及教学和课程的有效
模式。

【131】　20 世纪 30 年代，维果茨基经过激烈的教育辩论，提出了最近发
展区概念，他从教学观出发，明确了其认知理论的核心：从人际之间
（社会）的过程向自我过程的转变；内化的阶段；经验丰富的学习者的
作用。他写道：最近发展区是"两种水平之间的差距。一种是学生的实
际发展水平，由儿童独立解决问题的能力决定；另一种是学生的潜在发
展水平，由成人指导下或与能力较强的同伴的合作中解决问题的能力决
定"（第6章）。

许多教育者认识到不同儿童的学习效率各不相同，教师通过程序

化的机械教学将"慢速学习者"与教师和同伴分离开来。与此相反，维
果茨基将学习看作一个丰富的社会过程，强调对话和语言在教学和中
介认知发展过程中扮演的不同角色。仅仅通过口头表述让学生接触新
材料，这些学生既无法接受成年人的指导也不能与同龄人合作。为了
在教学中应用最近发展区概念，心理学家和教育者必须合作研究发展
过程中的内化，这个内化过程是由教学刺激产生，也是下一步学习所
需的。在这个理论中，教学代表促进发展的手段；人类知识的社会生
产内容及内化这些知识所需要的认知策略是根据学习者的实际发展水
平所激发的。维果茨基批评教育介入落在了发展的心理过程之后，应
该关注将要出现的功能与能力。对这些原理富有想象力的应用是由保
罗·弗雷勒(Paolo Freire)在第三世界国家发起的识字运动。因为他将
其教学方法与学生所处的特定文化和历史环境背景相结合，学生能够
将他们的"自发"概念(以社会实践为基础)与教师在教学环境中引入的
概念结合起来。[11]

维果茨基的历史—文化路径

也许维果茨基著作中最突出的主题是强调我们族类的独有特征，
作为人类我们如何在多变的文化和历史环境中主动地认识和改变我们
自己。在本书中维果茨基反复区分了动物的适应能力和人类的适应能
力。区分的关键因素是基于人类生活的历史建构和文化阐释，而这些【132】
是动物的社会组织所没有的。在高级功能的发展中[即认识(knowing)

过程的内化]，人的认知反映出人类社会存在的特殊性：一个个体有能力外化经验并与社会群体中的其他成员分享他对经验的理解。

与其他物种相比，人类婴儿相对不够成熟，需要长期依赖成人的照料，这种境况产生了一个基本的心理矛盾：一方面，婴儿完全依赖比自己更有经验的有机体；另一方面，他从社会性发展和适宜学习的环境中获得益处。尽管儿童依赖漫长的养育和照料，但他们积极参与了自身的学习，得到家庭环境和社会的支持。正如艾德华·E. 伯格（Edward E. Berg）指出的那样：

> 如同劳动工具的历史变化，思维工具也发生了历史变化。并且和新的劳动工具产生了新的社会构成一样，思维工具也产生了新的心理结构。传统上，此类事情被认为是相似的，这一状况总是或多或少地存在于他们目前的形式中。同样，人们也总是倾向于将心理结构看作是普遍和永恒的。然而，对于维果茨基来说，社会结构和心理结构都有非常明确的历史根源，都是某种水平的工具发展的特定产物。[12]

维果茨基关于人类发展的研究深受恩格斯的影响，恩格斯强调劳动和工具在转变人和环境之间关系中所起的重要作用。工具在人类发展中的作用被恩格斯描述为："工具意味着人所特有的活动，意味着人对自然界进行改造的反作用，意味着生产。"[13]这样的路径需要理解历史在人类心理发展中的积极作用。维果茨基详细阐述了在《自然辩证法》(*Dialectics of Nature*)中恩格斯提出的一些关键概念。他们批评了一些持"只有自然影响人类,只有自然条件能够决定人类的历史发展"观点的心理学家和哲学家,并且强调在历史过程中人也能"影响自然,改变自然,为自己的存在创造新的自然条件"[14]。此外,维果茨基认为工具的使用对人产生了根本的影响,不仅仅因为它帮助人们与外部【133】环境有效地联系在一起,而且还因为工具使用对人类大脑内部的功能关系具有重要影响。

尽管恩格斯和维果茨基的理论建立在当时有限的考古学发现基础之上,但当代的考古学家和人类学家,如里凯斯(Leakeys)和舍伍德·沃什本(Sherwood Washburn)用与恩格斯和维果茨基观点一致的方式解释了近年来的更多发现。沃什本宣称,"最简易工具的成功开启了人类的进化之旅,并且导致了今天的文明"。维果茨基赞同沃什本的观点,他提出人类生命的进化是从原始祖先开始的,产生了"富有智慧、探索性的、充满活力和精力充沛的灵长目动物……工具、捕猎、火、复杂的社会言语、人类方式和大脑的演变共同产生了古代人类"[15]。这些考古学的发现支持了维果茨基"人是什么"的观点。

维果茨基著作的影响在于——像其他伟大的理论家一样——他的理论不仅是普遍的而且是具体的。认知心理学家和教育学家都对探索维果茨基思想的当代启示感兴趣,不论是游戏、科学概念的起源,还是语言和思想的关系。他40年前的学生仍然对他的观点进行激烈的争论,而我们作为他著作的编辑,发现许多有时是相互矛盾的诠释。但是,维果茨基多样而令人激动的著作中有一条明晰的主线贯穿其中:

这就是他思维的方式。在这个日益败坏和异化的世界，他的思想遗产通过理论阐述为重构以生存为目标的人类生活提供了强有力的工具。[16]

注　释

[1] Nan Elsasser and Vera John-Steiner, "An Interactionist Approach to Advancing Literacy," *Harvard Educational Review*, 47, no. 3 (August 1977): 355—370.

[2] 本段翻译自《工具与符号》，不包括《高级心理功能的发展》。维果茨基广泛使用"自然"术语；上述见 pp. 38—39。

[3] 在这一章节中，编辑们已经解释了维果茨基认为行为的"本质"是生物性特征，如出生时的反射。而列昂捷夫、鲁利亚和捷普洛夫在《高级心理功能的发展》序言补充了对"本质"的解释。

他试图阐述，由于无法将人的高级心理功能的形成还原为其初级形式的发展过程，这导致了基因层面和发展的更高水平的共存的错误划分。因此，记忆发展包括两个阶段：单纯的自然记忆阶段在学龄前结束，之后发展出高级的中介记忆。记忆的共存形式发展也是同样的方式。一种形式是完全依赖于生物学基础，另一种则是儿童社会文化发展的产物。在维果茨基著作及实验室研究中提到的质疑在当时受到批判。这的确没有根基可循，毕竟，即使是非常小的儿童，其心理过程也是受到与成人口头交流的影响而形成的，因此并非是"自然"的。幼儿的记忆过程不是"自然"形成的，因为他们已经改变了语言习得的结果。例如，一个感觉非常清晰"自然"的记忆，结果证明实际上也是受到人的转换影响的。

谈及维果茨基对自然（有机的）与高级（文化的）形式心理过程比较的不足之处时，必须强调的是，这种比较决不蕴含于他的基本理论立场。

列昂捷夫和鲁利亚指出，尽管有人批评维果茨基人为地提出了自然和文化的二元论，但是这种区分实际上是对一种非常复杂的过程的概化，是描述这一复杂过程的媒介，"儿童的心理发展是逐渐获得对最初的被动的心理功能的控制的过程。为获得这种控制，儿童学习使用符号，并因而将自然的心理功能转换为以符号为中介的、文化的功能"。参见：Edward E. Berg，"L. S. Vygotsky's Theory of the social and Historical Origins of Consciousness"(Ph. D. Diss. , University of Wisconsin，1970)，p. 164.

[4]这篇文章来自未经修订的《工具与符号》翻译版。

[5]Herbert G. Birch and Joan Dye Gussow, *Disadvantaged Children*: *Health*, *Nutrition and School Failure* (New York: Harcourt, Brace and World, 1970), p. 7.

[6]A. R. Luria, "L. S. Vygotsky and the Problem of Functional Localization", *Soviet Psychology*, 5, no. 3 (1967): 53—57.

[7]E. Berg, "Vygotsky's Theory," p. 46.

[8]Translation of passage from *Development of Higher Psychological Functions* not included in text.

[9] A. N. Leontiev and A. R. Luria, "The Psychological Ideas of L. S. Vygotskii," in B. B. Wolman, ed. , *Historical Roots of Contemporary Psychology* (New York: Harper and Row, 1968), pp. 338—367.

[10]A. R. Luria, *Cognitive Development*: *Its Cultural and Social Foundations* (Cambridge: Harvard University Press, 1976).

[11]P. Freire, *Pedagogy of the Oppressed* (New York: Seabury, 1970).

[12]"Vygotsky's Theory," pp. 45—46.

[13]K. Marx and F. Engels, *Selected Works* (Moscow: 1953), p. 63.

[14]Engels, *Dialectics of Nature* (New York: International Publishers, 1940), p. 172.

[15]"Tools and Human Evolution," *Scientific American*, 203, no. 3 (1960): 63—75.

[16]非常感谢斯特纳(Stan Steiner)和马兹(Ricardo Maez)对本书多年工作的持续支持，以及对维果茨基著作重要性的肯定。

/ 维果茨基研究成果/

【141】 俄文

1915

"The Tragedy of Hamlet, Prince of Denmark." Private archives of L. S. Vygotsky.
Manuscript.

1916

"Literary Remarks on *Petersburg* by Andrey Biely." *The New Way*, 1916, no. 47, pp.
27－32.

Review of *Petersburg* by Andrey Biely. *Chronicle*, 1916, no. 12, pp. 327－328.

Review of *Furrows and Bounds* by Vyacheslav Ivanov published in (*Musatet*, *1916*).
Chronicle, 1916, no. 10, pp. 351－352.

"The Tragedy of Hamlet, Prince of Denmark." Private archives of L. S. Vygotsky.
Manuscript.

1917

Review of *Joy Will Be* (a play) by D. Merezhkovsky (publishied in *The Lights*, 1916).
Chronicle, 1917, no. 1, pp. 309－310.

Foreword to and remarks on "The Priest" (a poem) by N. L. Brodsky. *Chronicle*, 1917,
nos. 5－6, pp. 366－367.

1922

"About the Methods of Teaching Literature in Secondary Schools." Report on the District Sci-
entific Methodological Conference, Aug. 7, 1922. Private archives of L. S. Vygotsky.
Manuscript, 17 pp.

1923

"The Investigation of the Processes of Language Comprehension Using Multiple Translation of Text from One Language to Another. " Private archives of L. S. Vygotsky. Manuscript, 8 pp.

1924   【142】

Vygotsky, L. S. , ed. *Problems of Education of Blind , Deaf-Dumb and Retarded Children*. Moscow: SPON NKP Publishing House, 1924.

"Methods of Reflexological and Psychological Investigation. " Report of the National Meeting of Psychoneurology, Leningrad, Jan. 2, 1924. In *The problems of Contemporary Psychology*, Ⅱ , 26－46. Leningrad: Government Publishing House, 1926.

"Psychology and Education of Defective Children. " In *Problems of Education of Blind , Deaf-Dumb and Retarded Children* , pp. 5 － 30. Moscow: SPON NKP Publishing House, 1924.

Foreword to *Problems of Education of Blind , Deaf-Dumb and Retarded Children*. Moscow: SPON NKP Publishing House, 1924.

"The Principles of Education of Physically Defective Children. " Report of the Second Meeting of SPON, Dec. 1924. *Public Education*, 1925, no. 1, pp. 112－120.

1925

Review of *The Auxiliary School* by A. N. Graborov. *Public Education*, 1925, no. 9, pp. 170－171.

Foreword to *Beyond the Pleasure Principle* by S. Freud. Moscow: Contemporary Problems, 1925. (With A. R. Luria.)

Foreword to *General and Experimental Psychology* by A. F. Lasursky. Leningrad: Government Publishing House, 1925.

"The Principles of Social Education of Deaf-Dumb Children. " Private archives of L. S. Vygotsky. Manuscript, 26 pp.

The Psychology of Art. Moscow: Moscow Art Publishing House, 1965 (379 pp.); 2nd ed. , 1968(576 pp.)

"The Conscious as a Problem of the Psychology of Behavior. "*In Psychology and Marxism* , I, 175－198. Moscow-Leningrad: Government Publishing House, 1925.

1926－1927

Graphics of Bikhovsky. Moscow: Contemporary Russia Publishing House, 1926.

"Methods of Teaching Psychology. " (Course program.) The State Archives of Moscow
    District, fol. 948, vol. I, set613, p. 25.

"About the Influence of Speech Rhythm on Breathing. " In *Problems of Contemporary
    Psychology*, II, 169 — 173. Leningrad: Government Publishing House, 1926.

Pedagogical Psychology. Moscow: The Worker of Education Publishing House, 1926.

"Introspection" by Koffka. In *Problems of Contemporary Psychology*, pp. 176 — 178.
    Moscow-Leningrad: Government Publishing House, 1926.

Foreword to *Principles of Learning Based upon Psychology* by E. L. Thorndike (tr. from
    the English), pp. 5 — 23. Moscow: The Worker of Education Publishing House, 1926.

Foreword to *The Practice of Experimental Psychology*, *Education and Psychotechnics* by
    R. Schulz (tr. from the German), pp. 3 — 5. Moscow: Problems of Labor Publishing
    House, 1926. (With A. R. Luria.)

【143】 "The Problem of Dominant Reactions. " In *Problems of Contemporary Psychology*, II,
    100 — 123. Leningrad: Government Publishing House, 1926.

Review of *The Psyche of Proletarian Children by Otto Rulle* (Moscow-Leningrad, 1926).
    Private archives of L. S. Vygotsky. Manuscript, 3 pp.

"The Biogenetic Law in Psychology and Education. " *The Great Soviet Encyclopedia*,
    1927, vol. VI, cols. 275 — 279.

"Defect and Supercompensation. " In *Retardation, Blindness and Mutism*, pp. 51 —
    76. Moscow: Down with Illiteracy Publishing House, 1927.

"The Historical Meaning of the Crisis in Psychology," Private archives of
    L. S. Vygotsky. Manuscript, 430 pp.

The Manual of Experimental Psychology. Moscow: Government Publishing House,
    1927. (with V. A. Artomov, N. A. Bernshtein, N. F. Dobrinin, and A. R. Luria)

Readings in Psychology. Moscow-Leningrad: Government Publishing House, 1927. (With
    V. A. Artomov, N. F. Dobrinin, and A. R. Luria.)

Review of *The Method of Psychological Observation of Children* by M. Y. Basov (Mos-
    cow-Leningrad: Government Publishing House, 1926). *Teacher of the People*,
    1927, no. 1, p. 152.

"Contemporary Psychology and Art. " *Soviet Art*, 1927, no. 8, pp. 5 — 8; 1928, no. 1,
    pp. 5 — 7.

1928

"Anomalies of Cultural Development of the Child. " Report to the Department of Defectolo-
gy, Institute of Education of the Second Moscow State University, April 28, 1928.
Problems of Defectology, 1929, no. 2(8), pp. 106 — 107.

"Behaviorism. " *The Great Soviet Encyclopedia*, 1928, vol. III, cols. 483 — 486.

"Sick Children. " *Pedagogical Encyclopaedia*, 1928, vol. II, cols. 396 — 397.

"The Will and Its Disturbances. " *The Great Soviet Encyclopaedia*, 1928, vol. V, cols.
590 — 600.

"The Education of Blind-Deaf-Mute Children. " *Pedagogical Encyclopedia*, 1928, vol.
II, cols. 395 — 396.

"Report of Conference of Methods of Psychology Teaching in Teachers' College," April 10,
1928. The State Archives of Moscow District, fol. 948, vol. I, pp. 13 — 15.

"The Genesis of Cultural Forms of Behavior. " Lecture, Dec. 7, 1928. Private archives of
L. S. Vygotsky. Stenography, 28 pp.

"Defect and Compensation. " *Pedagogical Encyclopaedia*, 1928, vol. II, cols. 391 — 392.

"The Instrumental Method in Psychology. " In *The Main Problems of Pedology in the
USSR*, pp. 158 — 159. Moscow, 1928.

"The Results of a Meeting. " *Public Education*, 1928, no. 2, pp. 56 — 67.

"Invalids. " *Pedagogical Encyclopaedia*, 1928, vol. II, cols. 396.

"The Question of the Dynamics of Children's Character. In *Pedology and Education*, pp. 99 —
119. Moscow: The Worker of Education Publishing House, 1928.

"The Question Concerning the Duration of Childhood in the Retarded Child. " Report to the
Meeting of Defectology Department by the Institute of Pedagogics of the Second Mos- 【144】
cow State University, Dec. 18, 1928. *Problems of Defectology*, 1929, no. 2(8), p. 111.

"The Question of Multilingualism in Childhood. " Private archives of L. S. Vygotsky. Man-
uscript, 32 pp.

"Lectures on the Psychology of Development. " Private archives of L. S. Vygotsky. Stenog-
raphy, 54 pp.

"The Methods of Investigating Retarded Children. " Report to the First National Confer-
ence of Auxiliary School Workers. Archives of the Institute of Defectology, Academy
of Pedagogical Sciences, USSR. Manuscript, 1 p.

"On the Intersections of Soviet and Foreign Education. " *Problems of Defectology*, 1928, no. 1, pp. 18—26.

"To the Memory of V. M. Bekhterev. " *Pulic Education*, 1928, no. 2, pp. 68—70.

The Pedology of School-age Children. Lectures 1—8. Moscow: Extension Division of the Second Moscow State University, 1928.

"The Problem of the Cultural Development of Children. " *Pedology*, 1928, no. 1, pp. 58—77.

"Psychological Science in the USSR. " In *The Social Sciences of the USSR* (*1917 — 1927*), pp. 25—46. Moscow: The Worker of Educationl Publishing House, 1928.

"The Psychological Basis for Teaching Dumb-Mute Children. " *Pedagogical Encyclopaedia*, 1928, vol. II, col. 395.

"The Psychological Basis for Teaching Blind Children. " *Pedagogical Encyclopaedia*, 1928, vol. II , cols. 394—395.

"Psychophysiological Basis for Teaching Abnormal Children. " *Pedagogical Encyclopaedia*, 1928, vol. II , cols. 392—393.

"The Investigation of the Development of the Difficult Child. " In *Leading problems of Pedology in the USSR*, pp. 132—136. Moscow, 1928.

"Abnormal and Normal Children. " *Pedagogical Encyclopaedia*, 1928, vol. II , col. 398.

"The Sociopsychological Basis for Teaching the Abnormal Child. " *Pedagogical Encyclopaedia*, 1928, vol. II , cols. 393—394.

"The Three Main Types of Abnormality. " *Pedagogical Encyclopaedia*, 1928, vol. II. col. 392.

"Difficult Childhood. " Lectures 3 and 4. Archives of the Institute of Defectology, Academy of Pedagogical Sciences, USSR. Stenography, 9 pp.

"The Retarded Child. " *Pedagogical Encyclopaedia*, 1928, vol. II , cols. 397—398.

1929

"Lectures on Abnornal Childhood. " *Problems of Defectology*, 1929 (1930), no. 2 (8), pp. 108—112.

"Developmental Roots of Thinking and Speech. " *Natural Science and Marxism*, 1929, no. 1, pp. 106—133.

"Genius. " *The Great Soviet Encyclopedia*, 1929, vol. VI, cols. 612—613.

"About the Plan of Research Work for the Pedology of National Minorities. " *Pedology*, 1929, no. 3, pp. 367—377.

【145】 "The Intellect of Anthropoids in the Work of W. Köhler. " *Natural Science and Marxism*, 1929, no. 2, pp. 131—153.

"Some Methodological Questions. " The Archives of the Academy of Pedagogical Science,
   USSR, fol. 4, vol. I, no. 103, pp. 51 — 52, 73 — 74.

"The Main Postulates of the Plan for Pedagogical Research Work Concerning Difficult Chil-
   dren. " Pedology, 1929, no. 3, pp. 333 — 342.

"The Main Problems of Contemporary Defectology. " Report to the Defectological Section
   of the Institute of Education, Moscow State University. In *The Works of the Second Mos-
   cow State University*, I, 77 — 106. Moscow, 1929.

"History of the Cultural Development of the Normal and Abnormal Child. " Private ar-
   chives of L. S. Vygotsky. 1929 — 1930. Manuscript.

The Pedology of Teenagers. Lectures 1 — 4, 5 — 8. Moscow: Extension Division of the Sec-
   ond Moscow State University, 1929.

Subject and Methods of Contemporary Psychology. Moscow: Extension Division of the
   Second Moscow State University, 1929.

"The Problem of Cultural Age. " Lecture, Feb. 15, 1929. Private archives of L. S. Vygotsky.
   Stenography, 18 pp.

"The Development of Active Attention during Childhood. " In *Problems of Marxist Educa-
   tion*, I, 112 — 142. Moscow: Academy of Communist Education, 1929. Also in *Se-
   lected Psychological Investigations*, pp. 389 — 426. Moscow: Academy of Pedagogi-
   cal Sciences Publishing House, 1956.

Review of *School Dramatic Work as the Basis for Investigation of the Child's Creativity*
   by *Dimitrieva, Oldenburg, and Perekrestova* (Moscow: Government Publishing
   House, 1929). *Art in the School*, 1929, no. 8, pp. 29 — 31.

Review of *Contemporary Advances in Animal Psychology* by D. N. Kashkarov (Moscow:
   Government Publishing House, 1928) . *Natural Science and Marxism*, 1929,
   no. 2, pp. 209 — 211.

Review of *The Language of Children* by C. Stern and W. Stern (Leipzig: Barth, 1928.)
   Natural Science and Marxism, 1929, no. 3, pp. 185 — 192.

Review of *Means of Educational Influence* by S. M, Rives (Moscow: The Worker of Education
   Publishing House, 1929). *Pedology*, 1929, no. 4, pp. 645 — 646.

"The Structure of Interests in Adolescence and the Interests of the Teenage Worker. In
   Problems of Pedology of the Teenage Worker, IV, pp. 25 — 68. Moscow, 1929.

1930

"The Biological Base of Affect. " *I want to Know Everything*, 1930, nos. 15—16, pp. 480—481.

Foreword to materials collected by workers of the Institute of Scientific Education April 13, 1930. Archives of the Academy of Pedagogical Sciences, USSR, fol. 4, vol. I, no. 103, pp. 81—82.

"Is It Possible to Simulate Extraordinary Memory?" *I Want to Know Everything*, 1930, no. 24, pp. 700—703.

【146】 "Imagination and Creativity in Childhood. " Private archives of L. S. Vygotsky. Manuscript.

Problems of Defectology, VI. L. S. Vygotsky, ed. 1930. (With D. I. Asbukhin and L. V. Zankov.)

Foreword to *The Essay of Spiritual Development of the Child* by K. Buhler. Moscow: The Worker of Education Publishing House, 1930.

"Extraordinary Memory. "*I Want to Know Everything*, 1930, no. 19, pp. 553—554.

"The Instrumental Method in Psychology. " Report in the Academy of Communist Education. Private archives of L. S. Vygotsky. Manuscript.

"The Question of Speech Development and Education of the Deaf-Mute Child. Report to the Second National Conference of School Workers. Archives of the Institute of Defectology, Academy of Pedagogical Sciences, USSR. Manuscript, 2 pp.

"The Problem of the Development of Interests in Adolescence. " *Education of Workers*, 1930, nos. 7—8, pp. 63—81.

"The Cultural Development of Abnormal and Retarded Children. " Report to the First Meeting for Investigation of Human Bahavior, Moscow, Feb. 1, 1930, In *Psychological Sciences in the USSR*, pp. 195—196. Moscow-Leningrad: Medgiz, 1930.

"New Developments in Psychological Research. " Report to the Third National Meeting of Child Care, May 1930. *The Internat*, 1930, no. 7, pp. 22—27.

"Psychological Sytems. " Report to the Neurology Clinic of the First Moscow State University, Oct. 9, 1930. Private archives of L. S. Vygotsky. Stenography.

"Tool and·Sign. " Private archives of L. S. Vygotsky. Manuscript.

"The Connection between Labor Activity and the Intellectual Development of the Child. " *Pedology*, 1930, nos. 5—6, pp. 588—596.

"The Behavior of Man and Animals. " Private archives of L. S. Vygotsky, 1929—1930. Manuscript.

Foreword to *Teachers ' Guide to the Investigation of the Educational Process* by

B. R. Bekingem. Moscow: The Worker of Education Publishing House, 1930.

Foreword to *Investigation of the Intellect of Anthropoids* by W. Köhler. Moscow: Publishing House of the Communist Academy, 1930.

"The Problem of the Higher Intellectual Functions in the System of Psyhological Investigation. " *Psychology and Psychophysiology of Labor*, vol. 3(1930), no. 5, pp. 374－384.

"The Mind, Consciousness, Unconsciousness. " In *Elements of General Psychology*, 4th ed. , pp. 48－61. Moscow: Extension Division of the Second Moscow State University, 1930.

"The Development of the Highest Patterns of Behavior in Childhood. " Report to the First Meeting of Human Behavior, Jan. 28, 1930. In *Psychoneurological Sciences in the USSR*, pp. 138－139. Moscow-Leningrad: Medgiz, 1930.

"The Development of Consciousness in Childhood. " Private archives of L. S. Vygotsky. Stenography.

"Sleep and Dreams. " In *Elements of General Psychology*, pp. 62－75. Moscow: Extension Division of the Second Moscow State University, 1930. 【147】

"The Communist Reconstruction of Man. " *Varnitso*, 1930, nos. 9－10, pp. 36－44.

"Structural Psychology. " In *Main Trends in Contemporary Psychology* by L. S. Vygotsky and S. Gellershtein, pp. 84 － 125. Moscow-Leningrad: Government Publishing House, 1930.

"Eidetics. " In *Main Trends in Contemporary Psychology* by L. S. Vygotsky and S. Gellershtein, pp. 178 － 205. Moscow-Leningrad: Government Publishing House, 1930.

"Eperimental Investigation of the Highest processes of Behavior. " Report to the First Meeting for Studying Human Behavior, Jan. 28, 1930. In *Psycholneurological Sciences in the USSR*. Moscow-Leningrad: Medgiz, 1930.

1931

Buhler, C. , et al. *The Social-Psychological Study of the Child during the First Year of Life*. L. S. Vygotsky, ed. Moscow-Leningrad: Medgiz, 1931. (with A. R. Luria.)

"Report of the Reactological Discussion, 1931. " Archives of the Institute of General and Pedagogical Psychology, Academy of Pedagogical Sciences, USSR, fol. 82, vol. I, pp. 5 － 15. Stenography (corrected by L. S. Vygotsky).

The Diagnosis of Development and Pedological Clinics for Difficult Children. Moscow:

Publishing House of the Eperimental Defectology Institute, 1936.

"The History of the Development of Higher Psychological Functions. " In *Development of Higher Psychological Functions* by L. S. Vygotsky, pp. 13 — 223. Moscow: Academy of Pedogogical Sciences, RSFSR, 1960.

"*The Question of Compensatory Processes in the Development of the Retarded Child.* "Report to the Conference of the Workers of Auxiliary Schools, Leningrad, May 23, 1931. Private archives of L. S. Vygotsky. Stenography, 48 pp.

"Problems of Pedology and Related Sciences. " *Pedology*, 1931, no. 3, pp. 52 — 58.

"The Collective as a Factor of Development in the Abnormal Child. " In *Problems of Defectology*, 1931, nos. 1—2, pp. 8—17; no. 3, pp. 3—18.

"Thinking. " *The Great Soviet Encyclopedia*, 1931, vol. XIX, cols. 414—426.

The Pedology of Teenagers. Lectures 9 — 16. Moscow-Leningrad: Extension Division of the Second Moscow State University, 1931.

"Practical Activity and Thinking in the Development of the Child in Connection with a Problem of Politechnism. " Private archives of L. S. Vygotsky. Manuscript, 4 pp.

Foreword to *Development of Memory* by A. N. Leontiev. Moscow-Leningrad: Uchpedgiz, 1931.

Foreword to *Essay on the Behavior and Education of the Deaf-Mute Child* by Y. K. Zvelfel. Moscow-Leningrad: Uchpedgiz, 1931.

【148】 *The Psychological Dictionary.* Moscow: Uchpedgiz, 1931. (With B. E. Varshava.)

"Psychotechnics and Pedology. " Report to the Meeting of the Communist Academy, Nov. 21, 1930. Archives of the Institute of General and Pedagogical Psychology, Academy of Pedagogical Sciences, USSR, fol. 82, vol. I, no. 3, pp. 23 — 57.

1932

"The Problem of Creativity in Actors. " In *The Psychology of the Stage Feelings of an Actor* by P. M. Jakobson, pp. 197 — 211. Moscow: Government Publishing House, 1936.

"Toward a Psychology of Schizophrenia. " *Soviet Neuropathology, Psychiatry and Psychohygiene*, vol. 1(1932), no. 8, pp. 352 — 361.

"Toward a Psychology of Schizophrenia. " In *Contemporary Problems of Schizophrenia*, pp. 19 — 28. Moscow: Medgiz, 1933.

"Lectures on Psychology. " Leningrad Pedagogical Institute, March-April 1932. Archives of the Leningrad Pedagogical Institute. Stenography. Also in *Development of Higher Psychological Functions*, pp. 235 — 363. Moscow: Academy of Pedagogical Sciences,

RSFSR，1960.

"Infancy. "Private archives of L. S. Vygotsky. Manuscript，78 pp.

Foreword to *Education and Teaching of the Retarded Child* by E. K. Gracheva. Moscow-Leningrad: Uchpedgiz，1932.

Foreword to *Development of Memory* by A. N. Leontiev. Moscow，1932. (With A. N. Leontiev.)

"The Problem of Development of the Child in the Research of Arnold Gesell. "In *Education and Childhood by A. Gesell*，pp. 3－14. Moscow-Leningrad: Uchpedgiz，1932.

"Problem of the Speech and Thinking of the Child in the Teachings of Piaget. " In *Language and Thought of the Child* by J. Piaget，pp. 3－54. Moscow-Leningrad: Uchpedgiz，1932.

"Early Childhood. " Lecture，Leningrad Pedagogical Institute. Dec. 15，1932. Archives of the Leningrad Pedagogical Institute. Stenography，50 pp.

"Contemporary Directions in Psychology. " Report to the Communist Academy，June 26，1932. In *Development of Highter Psychological Functions* by L. S. Vygotsky，pp. 458－481. Moscow: Academy of Pedagogical Sciences，RSFSR，1960.

1933

"Introductory Lecture about Age-Psychology. " The Central House of Art Education of Children，Dec. 19，1933. Archives of the Leningrad Pedagogical Institute. Stenography，34 pp.

"Dynamics of Mental Development of School Children in Connection with Education. " Report to the Meeting of the Department of Defectology of Bubnov Pedagogical Institute，Dec. 23，1933. In *Mental Development of Children during Education* by L. S. Vygotsky，pp. 33－52. Moscow-Leningrad: Government Publishing House，1935.

"Preschool Age. " Lecture，Leningrad Pedagogical Institute. Dec. 13－14，1933. Private archives 【149】 of L. S. Vygotsky. Stenography，15 pp.

"Play and Its Role in the Psychological Development of the Child. " Lecture，Leningrad Pedagogical Institute，1933. *Problems of Psychology*，1966，no. 6，pp. 62－76.

"Questions about the Dynamics of Development of the Intellect of the Normal and Abnormal Child. " Lecture，Bubnov Pedagogical Institute，Dec. 23，1933. Private archives of L. S. Vygotsky. Stenography.

"Crisis of the First Year of Life. " Lecture，Leningrad Pedagogical Institute. Archives of the Leningrad Pedagogical Institute. Stenography，37 pp.

"Critical Ages. " Lecture, Leningrad Pedagogical Institute. June 26, 1933. Archives of the
Leningrad Pedagogical Institute. Manuscript, 15 pp.

"The Negative Phase of Adolescence. " Lecture, Leningrad Pedagogical Institute. June 26,
1933. Archives of the Leningrad Pedagogical Institute. Manuscript, 17 pp.

"Study of Schoolwork in School Children. " Report to the Leningrad Pedagogical Institute,
Jan. 31, 1933. Private archives of L. S. Vygotsky. Stenography.

"Pedological Study of the Pedagogical Process. " Report to the Experimental Defectological
Institute, March 17, 1933. In *Mental Development of Children during Education*
by L. S. Vygotsky, pp. 116—134. Moscow-Leningrad: Uchpedgiz, 1935.

"Adolescence. " Lecture, Leningrad Pedagogical Institute. June 25, 1933. Archives of the
Leningrad Pedagogical Institute. Stenography, 19 pp.

" Pedology of Preschool Age. " Lecture, Leningrad Pedagogical Institute. Jan 31,
1933. Archives of the Leningrad Pedagogical Institute. Stenography, 16 pp.

Foreword to *Difficult Children in Schoolwork* by L. V. Zankov, M. S. Pevsner, and
V. F. Shmidt. Moscow-Leningrad: Uchpedgiz, 1933.

"Problems of Age: Play. " Concluding speech to the Seminar of the Leningrad Pedagogical
Institute. March 23, 1933. Archives of the Leningrad Pedagogical Institute. Stenog-
raphy, 39 pp.

" Problems of Development. " Lecture, Leningrad Pedagogical Institute. Nov. 27,
1933. Archives of the Leningrad Pedagogical Institute. Stenography, 17 pp.

"The Problem of Consciousness. " Report after the speech of A. R. Luria on Dec. 5 and 9, 1933. In
Psychology of Grammar, pp. 178—196. Moscow: Moscow State University, 1968.

"Development of Common Sense and Scientific Ideas during School Age. " Report to the
Scientific Conference, Leningrad Pedagogical Institute, May 20, 1933. In *Mental
Development of Children during Education*, pp. 96—115. Moscow-Leningrad: Uchpedg-
iz,
1935.

"Study of Emotions. " Private archives of L. S. Vygotsky, 1933. Manuscript. 555 pp. Also
"The study of Emotion in the Light of Contemporary Psychoneurology. " *Questions
of Philosophy*, 1970, no. 6, pp. 110—130. See also, "Two Directions in the Com-
prehension of the Nature of Emotions in Foreign Psychology in the beginning of the
Twentieth Century. " *Problems of Psychology*, 1968, no. 2, pp. 149—156.

1934 【150】

"Dementia during Pick's Disease. " *Soviet Neuropathology*, *Psychiatry*, *Psychohygiene*, vol. 3 (1934), no. 6, pp. 97—136. (With G. V. Birenbaum and N. V. Samukhin)

"Development of Scientific Ideas during Childhood. " In *The Development of Scientific Ideas of school Children* by Zh. I. Shif, pp. 3—17. Moscow-Leningrad: Uchpedgiz, 1935.

"Infancy and Early Age. " Lecture, Leningrad Pedagogical Institute. Feb. 23, 1934. Archives of the Leningrad Pedagogical Institute. Stenography, 24 pp.

Thought and Language. Moscow-Leningrad: Sozekgiz, 1934.

"The Thinking of School Children. " Lecture, Leningrad Pedagogical Institute, May 3, 1934. Archives of the Leningrad Pedagogical Institute. Stenography, 11 pp.

Fundamentals of Pedology. Moscow: Second Moscow Medical Institute. 1934.

"Adolescence. " Lecture, Leningrad Pedagogical Institute. March 25, 1934. Archives of the Leningrad Pedagogical Institute. Stenography.

"Problems of Age. " Private archives of L. S. Vygotsky. Manuscript, 95 pp. Also in *Problems of Psychology*, 1972, no. 2, pp. 114—123.

"Problem of Education and Mental Development in School Age. "In *Mental Development of Children during Education* by L. S. Vygotsky, pp. 3 — 19. Moscow-Leningard: Uchpedgiz, 1935.

"Problem of Development in Structural Psychology. " In *Fundamentals of Psychological Development* by K. Koffka, pp. ix-lxi. Moscow-Leningrad: Sozekgiz, 1934.

"Problem of Development and Destruction of The Higher Psychological Functions. " In *Development of Higher Psychological Functions* by L. S. Vygotsky, pp. 364 — 383. Moscow: Academy of Pedagogical Sciences, RSFSR, 1960. (这是维果茨基生前最后一次演讲，他在演讲后一个月去世)

"Psychology and Teaching of Localization. " In *Reports of the First Ukranian Meeting of Neuropathologists and Psychiatrists*, pp. 34—41. Kharkov, 1934.

"Dementia during Pick's Disease. " Private archives of L. S. Vygotsky, 1934. Manuscript, 4 pp.

Fascisn in Psychoneurology. Moscow-Leningrad: Biomedgiz, 1934. (With V. A. Giljarovsky et al.)

"School Age. " Private archives of D. B. Elkonin, 1934. Manuscript, 42 pp.

"School Age. " Lecture, Leningrad Pedagogical Institute. Feb. 23, 1934. Archives of the Leningrad Pedagogical Institute. Stenography, 61 pp.

"Experimental Investigation of the Teaching of New Speech Reflexes by the Method of Attachment with Complexes. "Private archives of L. S. Vygotsky. Manuscript.

1935

"Education and Development during School Age. " Report to the National Conference of Preschool Education. In *Mental Development of Children during Education*. pp. 20 —32. Moscow-Leningrad: Uchpedgiz, 1935.

"Problem of Dementia. " In *The Retarded Child*, pp. 7 — 34. Moscow-Leningrad: Uchpedgiz, 1935.

The Retarded Child. L. S. Vygotsky, ed. Moscow-Leningrad: Uchpedgiz, 1935.

其他研究成果

Pedology of Youth: *Features of the Behavior of the Teenager*. Lessons 6 — 9. Moscow: Extension Division of the Faculty of Education, Second Moscow State University.

"Problem of the Cultural Development of the Child. " Private archives of L. S. Vygotsky. Manuscript, 81 pp.

"The Blind Child. " Private archives of L. S. Vygotsky. Manuscript, 3 pp.

Difficult Childhood. Moscow: Extension Division of the Faculty of Education, Second Moscow State University.

英文

"The Principles of Social Education of Deaf and Dumb Children in Russia. " In *International Conference on the Education of the Deaf*, pp. 227—237. London, 1925.

"The Problem of the Cultural Development of the Child. " *Journal of Genetic Psychology*, 1929, vol. 36, pp. 415—434.

"Thought in Schizophrenia. " *Archives of Neurological Psychiatry*, 1934, vol. 31.

"Thought and Speech. "*Psychiatry*, 1939, vol. 2, pp. 29 — 54. Rpt. in S. Saporta, ed. , *Psycholinguistics*: *A Book of Readings*, pp. 509 — 537. New York: Holt, Rinehart and Winston, 1961.

Thought and Language. Cambridge: MIT Press and Wiley, 1962. (俄文版已在 1934 年出版)

"Psychology and Localization of Functions. " *Neuropsychologia*, 1965, vol. 3, pp. 381—386. (俄文版已在 1934 年出版)

【151】

"Development of the Higher Mental Functions." In A. Leontiev, A. Luria, and A. Smirnov, eds., *Psychological Research in the USSR*, vol. I, pp. 11 — 46. Progress Publishing, 1966. (部分省略)

"Paly and Its Role in the Mental Development of the Child." *Soviet Psychology*, 1967, vol 3. [维果茨基纪念册。包括布鲁纳(J. S. Bruner)的序言以及苏联心理学家鲁利亚等(Luria, Davydov, El'konin, Gal'perin, Zaporozhetz)共同完成的正文部分，该书基于维果茨基 1933 年的演讲]

The Psychology of Art. Cambridge: MIT Press, 1971. (来源于几十年间的文学艺术批判文章)

"Spinoza's Theory of the Emotions in Light of Contemporary Psychoneurology," *Soviet Studies in Philosophy*, 1972, vol. 10, pp. 362 — 382.

/ 索 引 */

---

* 本索引的每个条目后所附数码为原文页码，即中文版边码。

图书在版编目(CIP)数据

社会中的心智：高级心理过程的发展 /（苏）列夫·维果茨基著；
（美）迈克尔·科尔等编；麻彦坤译. —北京：北京师范大学出版社，
2018.3（2023.11 重印）

（社会治疗书系 / 夏林清，张一兵主编）
ISBN 978-7-303-21286-6

Ⅰ. ①社… Ⅱ. ①列… ②迈… ③麻… Ⅲ. ①心理过程—研究
Ⅳ. ①B842

中国版本图书馆 CIP 数据核字（2016）第 225732 号

北京市版权局著作权合同登记 图字：01-2016-5154 号

图书意见反馈 gaozhifk@bnupg.com 010-58805079

SHEHUI ZHONG DE XINZHI: GAOJI XINLI GUOCHENG DE FAZHAN
出版发行：北京师范大学出版社 www.bnup.com
　　　　　北京市西城区新街口外大街 12-3 号
　　　　　邮政编码：100088
印　　刷：北京虎彩文化传播有限公司
经　　销：全国新华书店
开　　本：890 mm×1240 mm　1/32
印　　张：7
字　　数：134 千字
版　　次：2018 年 3 月第 1 版
印　　次：2023 年 11 月第 3 次印刷
定　　价：57.00 元

策划编辑：周益群　　　　　责任编辑：齐　琳
美术编辑：李向昕　　　　　装帧设计：宋　涛
责任校对：陈　民　　　　　责任印制：马　洁